アンカット・ファンク

人種とフェミニズムをめぐる対話

著＝ベル・フックス
スチュアート・ホール
訳＝吉田裕

人文書院

Uncut Funk
A Contemplative Dialogue

bell hooks
Stuart Hall

foreword by
Paul Gilroy

目次

凡例

一、原文の斜体は訳文では傍点に、原文の引用符は訳文ではカギカッコ「」に転記した。
一、原注は存在しない。日本語読者の便宜を考えて訳注をつけた。
一、引用符カッコ内の〔〕は訳者による補足であることを示す。
一、引用原文の省略については〔…〕によって示した。
一、底本については「訳者あとがき」を参照されたい。
一、対談中の六つの見出しは原著には存在しない。日本語版独自のものである。

アンカット・ファンク——人種とフェミニズムをめぐる対話

ファンク・ミュージックを中断するな。──ジョージ・クリントン

序文

ポール・ギルロイ

この会話を読むことで、黒人の政治文化をめぐる言葉が近年どれほど貧しくなってきたかということを見過ごすことができない。社会変革の狼煙《のろし》となる詩的言語は平板化され、解放が何を意味するのかという範囲も狭くなってしまった。今日では狭い場所に押し込められているため、サウンドバイトやハッシュタグ、ツイートやミーム、「いいね」やフォローなどが作り出す極小の空間に収まるのがせいぜいだ。本来的に順応的で、コンピューターに媒介された連帯が規範になりつつある。デジタルなネットワークというものは、恐怖を見せ物とし、主流の考えに抗わない程度に黒人による抵抗を伝えることを基本としている。だが、それらが作り出すのは、せいぜいが運動の幻影である。オンライン上では、人種差別、資本主義、軍事主義は、なすすべがないものとして描かれる。ネットの外の世界では、大規模な人びとの集まりは滞りなく行われるが、ただちに姿を消す。人種間の序列はよどみ、さらにひどくなっているようだ。別の仕方に声をあたえ、対抗的な生き方や思考法に息を吹き込むことは、次第に難しくなるばかりだ。疲労や不安が定着する。周期的にラディカルな伝統が想起されるものの、深みに欠ける。歴史は人物設定に成り下がり、まばゆいほどの著名人が偶像としてまばらに彩るばかりだ。この息つく暇もない世界では、ベル・フックスとスチュアート・ホールが同時に会話を行い、同じ部屋でたがいに語り、耳を傾けあっていたことなど想像することも難しくなってしまった。

もちろんのこと、ふたりの対話は特定の重層的状況の産物である。用いられる言葉や概念は、それらの出所ともいえる歴史上のプロセスを宛先としているものの、思考の響きは手触りを失っていない。長い旅路を経てわたしたちのもとに到来する言葉には、換気力に満ちた余剰がある。いまや過去のものとなってしまった文脈や状況に言及することにより、ふたりの交歓は、今日の読者の歴史に関する感受性を復元し、磨きをかける役に立つはずだ。思想と生活、男性であることと女性であること、家父長制と精神分析をめぐる議論は、わたしたちが政治や世代といった時間軸をどのように考えているのかについての枠組みを試すことになる。フックスとホールの声は同時代のものになる。ふたりが注意深く言葉を選び、生き生きと希望を語りあう様は、衰退した運動や埃をかぶった資料への貴重な貢献というのみならず、未来の行く末にとっても重要なはずだ。

この交歓の価値が失われないとすれば、対話という形式と関わる。会話が捉えるのは、参加者双方がいつになく率直になり、惜しみなく与える瞬間である。同時に、めずらしい貴重な可能性を生む。すなわち、黒人女性と黒人男性がともに、自由で対等な伝達行為という理想の場をつくりだし、そこで生きるということだ。そうした可能性は、固有の生活や場に根ざしたものとして、わたしたちにはなじみのあるものだ。集団ないし協働で行われる作業や戯れが喜びをもたらすのみならず、共に活動するものたちをはげますものでもあり、苦難に対して共苦でつながるよう促す。ここでわたしたちが見出すのは、声を上げる知識人というものが、家族との生活や血縁関係をめぐるもっとも困難で親密な問いに向き合うときでさえ、喜びや愛に満ち、批判的な思考を保ちうる姿だ。正しい概念や言い回しが用いられているかどうかについて、今日見られるような不安や猜疑心をいったん括弧にくくり、信頼を共通理解とするという実践から学ぶことができるかもしれない。すなわち、この対話は、ラディカルな文化のなかで、世代、ジェンダー、戦略といったそれぞれの持ち場にともない否応なく立ち上がる不和がますます手に負えないものとなっている現在、実践的かつ教育的な事例となるだろう。

会話という形式にともなう制約やかたちのために、読者は細心の注意を払うよう求められる。当事者がたがいに注意ぶかく耳を傾けたのと変わらぬ心構えで、連動する声の抑揚や性質を吟味するよう要請されるわけだ。ふたりの実存をめぐるデュエットに、ダニー・ハサウェイとロバータ・フラック、アレサ・フランクリンとジョージ・ベンソン、ボビー・ウーマックとパティ・ラベルといった定番の朗々たる歌唱を対置してみるといい。一眼でわかる気のおけない雰囲気はきらびやかにも見えるが、その裏には鍛錬の跡を見出すことができるだろう。たがいへの注意は、対となった声が即興でおこなう運動によって求められるものでもあるが、教育的な効果もある。丁寧に耳を傾けるという実践をおこなうだけでなく、おそらくは、液晶画面を通してなしうるよりも、時間をかけてよく考え、読解に浸るよう後押ししてくれる。

　現代の読者には、すこしばかりの翻訳が必要となるかもしれない。合衆国を中心とした、月並みで、ネット上で受けの良いアイデンティティ語りは、一切存在しない。この対話は、そうした要素を背景とはしていないからだ。何が特権で何が被害なのかについて、軽々しく言い立てることもない。政治について思考する際に、交差性《インターセクショナリティ》を超越的な立場とみなす「常識」について、それとなく異議申し立てをおこなう。答えとなるのは、容易に人を寄せ付けないほど複雑な世界を少しでもましな方向に変えるため、批判的に解釈するという抗いに光を当てることのできるきわめて重要で強力な手法として、交差的《インターセクショナル》な分析を別様に用いるということだ。そうした楽観的な方法は、ホールの言い方では、特定の歴史や経済に関する状況のなかで、別々の矛盾や抗争がいかにして同時に分節化されるかをつかむことなのだ。

　グローバル化が深刻さを増すにつれ、アフリカン・アメリカンの文化はそれらを生み出した条件や人びととはかけ離れた新たな価値を生み出すようになった。その後見人や仲介業者は、主に合衆国のエリート教育組織で人種差別撤廃を実現してきた世代を出自としている。そのため、新たな声を見出し、前例のないほどメディアの注目を浴びてきた。少数の、おそらくは例外的とも言える黒人知識人が世間の注目を集めつつある状況は、デュボイスやアンナ・ジュリア・クーパー[1]のような先人も首をかしげざるを得ないであろう。こうした人びとの苦境は少しずつ認識されつつあるものの、多くの場合、大企業が主導する多文化主義の戦利品陳列棚に並べられ、ゾッとするほどの名声を伴った、物珍しい商品にすぎない。

わたしたちの前にいる話し上手なふたりは、過去の敗北の瓦礫のなかで出会っている。少し前の反体制文化の名残が、ふたりの交歓の背景をなしているわけだ。当時、活気のあった理論的問いのいくつかはいまでは消え去ってしまったか、足がかりを失ってしまった。しかし、フランツ・ファノンの著作は、変わらぬ存在感を示しているし、当時もいまも、思考の羅針盤として有効だ。彼の介入は、ネーション・オヴ・イスラムの「百万人の行進」[2]のような出来事によって政治的な方向づけを与えられたこの対話の土台をなしている。

（1）アンナ・ジュリア・クーパー（Anna Julia Cooper, 1858-1964）社会学者、教育者、活動家。合衆国の黒人女性で四番目に博士号を授与された。*A Voice from the South*（1892）は、ブラック・フェミニズムの最初の著作とされる。一九〇〇年にロンドンで開催された第一回パンアフリカ会議にも参加。

（2）「百万人の行進」（Million Man March）ネイション・オヴ・イスラムのリーダーであったルイス・ファラカーンの呼びかけにより、一九九五年十月十六日にワシントンDCにて開催された黒人男性を中心とする大規模集会。一九九四年の共和党の勝利により、記録的な財政赤字や大量の失業、歯止めの効かないインフレの原因が、不当にも都市部の黒人コミュニティに押しつけられた。このことに危機を覚えた黒人男性知識人らによって企画された。法整備による黒人家庭への支援や福祉の充実を訴えた。男性中心であることに危機感を覚えた黒人女性たちにより、同日に別イベントも開催された。

より重要なのは、この会話が行われた当時、個人的なものはいまだ政治的なものでもあり得たということだ。過度な自己愛に身を委ねることもなかった。一九九〇年代にかけて読者は、黒人が大西洋を横断して異議申し立てや主張をしてきた歴史になじむよう背中を押されることで、釣り合いを取り戻した。ブラック・パワー以後、人びとの希求により、フェミニズムが新たな確固とした地位を女と男のあいだに築いてきた。階級関係、セクシュアリティやジェンダーについて手厳しく意識的なこれらの話し手たちは、目の前に姿を見せつつある権力分布がどういったことに関わるのかを探求するという共通の取り組みを絆としていた。これらの知識人は、無気力を引き起こす反知性主義への抗いによって結ばれていたが、そこで交わされる会話は、何よりも、政治的に行動する方法を見出すという決意を共通の基盤としていた。つまり、フェミニストとしての視点のみならず、フェミニズムが根気強く主張してきた日常生活の変容という観点とも歩調を共にしていたのだ。

黒人主体の欲望が存在論的に深く複雑であると同時に、一方ではものを書くというプロセスによって、他方では宗教と世俗の両面からの一連の心理療法的な支えによってもたらされる慰めを、心から求めてもいるのだという入り組んだ理解をすることなしに、そうした試みを引き受けることはできない。双方の話し手は、ここでの議論を通じ、容易にままならない心的な力が作動していることをさらに認めることで、みずからが歩んできた複雑な階級移動や、自身を変容させるような移住の旅のなかから、有用なものを見出そうと試みてきた。場所の喪失をめぐるこれらの自伝は、世代や経験といった分断を架橋するために用いられるのだ。とりわけ、健康と病、慢性疾患や死が何を意味するのかについては、いまだに向き合うことが難しかったりするが、ホールとフックスは個人的な生活の領域を検分することにまったく恐れを抱くことがない。ふたりは最後に死ぬことについて言及するが、決定的で根源的な主題と言える。このプロジェクトを貫く、ラディカルな倫理にとっての鍵である。ふたりとも一貫して、このはかなくも命に限りのある世界から、選ばれた高貴な者のためのまばゆく照らされた領域へと押し出されることを拒む。みずからに意識的なふたりの対話は、個人の才能という疑いようのない資質ではなく、ある種の偶然によって押し上げられた特権的立場を解体するよう促す。そうした類まれな謙虚さこそが、この会話をさらに力強いものにしている。今日ではありがたい励みとなるし、この対話が行われてからいまに至るまでに失われてしまった、価値ある政治的な習慣を救い出してくれることだろう。

はじめに

ベル・フックス

ブラック・ブリティッシュの知識人、芸術家、批評家に出会うことは、わたしの人生において決定的な瞬間であった。気ままに語り、話を分かちあい、弁証法的とも言える心地よい会話にたずさわることで、社会に献身的にかかわる思想家の界隈へと足を踏み入れることになった。それ以前のわたしの人生には、そうしたことは不足していた。スチュアート・ホールは、わたしたち皆にとって中心となる人物だ。多くの素晴らしい学究肌の人間と違って、彼は寛大であり、せかせかすることなく、思想的な新参者に根気強く付き合おうとした。理論と実践の結合を実現することに深く関わることで、身をもって己の政治を体現していたのだ。彼の思想がもつ洞察の射程に息をのむような思いをしていたわたしにとって、ともに語り合おうという彼の心意気に、分不相応な思いがしたものだ。わたしたちはロンドンで会うことが多かった。一九九六年の暑い夏のことだ。立派なホテルで伝統的な英国流アフタヌーン・ティーを口実にしておちあい、語ったのだ。

ふたつの個がぶつかりあい、心が出会うということにずっと魅了されてきた。とはいえ、さまざまな会話を交わしたところで、真に互いに語り合うことはないのかもしれない。スチュアート・ホールとわたしは、たくさんの言葉を交わした。これでもかというくらい言葉を交わしたけれども、ふたりの会話にはやさしさや心地の良さがあり、個人や社会の問いについても目を開かれる瞬間があったため、互いに語り合うことやふたりのなしてきた仕事に、新たな次元が加わることとなった。彼の死はあまりに早すぎたが、こうした時間をともに過ごせたことを、これからも感謝し続けるだろう。

ベル・フックスとスチュアート・ホールの対話

一　フェミニズムとの出会い

ベル：わたしにとって、会話は学びの場です。素敵な会話というものに目がない。そのために生きていると言ってもいいですし、人生の真の喜びなのですが、年をとるにつれ、素敵な会話をすることはますます難しくなります。

スチュアート：わたしにとっても会話は非常に重要です。けれど、自分の場合、会話のために生きている、とまでは言えない。とにかく、物語を求めているのです。もちろん、会話というものには物語がついてまわります。ですが、そうではない会話もたくさんあるわけです。自分がとても好きな会話では、人びとが自分自身についての物語を語ってくれる、すなわち、告白の要素がある。物語の繰り返しが好きなんでしょうね。日常の会話もそうです。たとえば、わたしの息子に登場してもらいましょう。彼はひどく疲れている様子です。ちょうどブリクストンについての映画を撮っているのです。マンデラと一緒に撮影していたのです。一週間ほど姿を見なかったので、「調子はどう？」とたずねると、「まあ、かなり疲れたかな。詳しく話せるかどうかもわからないほどだよ」と言うわけです。物語を求めてやまないとき、この状況をどう読みますか？　わたしが晩に帰宅するときは、キャサリン(3)にその日にあったことを話してほしいと思う。電話で話していたことや、どんな小さなことでもいいから、その日にあったことを教えてほしい。人生での大きな出来事にだけ興味がある、というわけではない。とはいえ、これは会話とは別の話ですが。

ベル：それこそが会話でしょう。さまざまな声による変化がつきものですから。日常的なものから深みへと到達することができる。日常について学ぶべきことから、さらに深く刺激的なことまで広がる。一生読み書きを学ぶことなく、読書を習慣としない、読者も作者もいないという厳しい世界で成長することについて考えていたんです。そのような世界に関してもっとも記憶に残っているのは、会話をすることへの情熱なのです。ちょうど指摘してくださったように、天気に関してはいつも話がつきませんでした。わたしの祖父母などは、夜明けとともに起床し、ラジオをつけるわけですが、会話を続けるわけですね。ラジオに向かって話しかけたりもするわけですが。そうして互いに話しかけながら、今日一日がどうなるかについても話が及ぶのです。

スチュアート：お話を聴きながら、忘れてしまっていた子供時代の記憶を思い出しました。キングストンで家族と住んでいた時のことです。理由はさまざまあるのですが、わたしたちは進んだ近代的な人間で、よく街に出かけていきました。父親は電力会社で働いていたのですが、母は社会的なステータスにこだわる人で、なんとかよりましな生活ができないかと考えていました。さまざま理由はあったとしても、こうした環境で育つのはなかなか嫌なものです。好きな場所は、オールド・ハーバーというキングストンの外にある父親の地元でした。さして景色のいいところでもない。魅力的な風景が広がる北部の沿岸地域とは異なり、ジャマイカ南部の乾燥した平地です。観光客が足を運んだりすることもない。小ぢんまりした埃っぽい田舎町です。それほど派手でもなく、とはいえ、ほとんど見掛け倒しと言ってもいいようななりをした、素敵な小ぶりの家に住んでいたわけです。父方の祖母が住んでいたのですが、彼女のことが大好きでした。おばたちがつねに身を寄せていました。父と彼の兄弟が結婚して引っ越したからです。五人いたおばのうち、一人だけが結婚して出ていきました。結婚はせずとも、自立した魅力的な女性たちです。似た者はひとりもいませんでした。教員をしていたおばは、昨年、百五歳で亡くなりました。百二歳になっても裏庭で教えていました。わたしのお気に入りのおばは、郵便局長を務めていました。

クリスマスになるとオールド・ハーバーに行くのが楽しみでした。キングストンでのクリスマスはたいして面白くなかった。おしゃれな上流階級向けのものでしかなかったのです。十二月二

（3）キャサリン・ホール（Catherine Hall, 1946-）ホールのパートナーで、帝国史を専門とする。とりわけ、ジャマイカを中心とするカリブ海地域とイギリスの関係についての仕事で有名。

十六日になると、よくオールド・ハーバーに出かけたんです。田舎のクリスマスといったものですが、とてもワクワクしたものです。最高の瞬間は、ディナーの後です。子供だったものですから、大きなベッドで横になりながら、おばたちが母と一緒に村のうわさ話を延々と語るのに耳を傾ける。それが楽しみでならなかった。誰のことを話しているのか見当もつかなかったとはいえ、こんなに素晴らしいものはなかったのです。延々と終わりの来ない連続物を見ているような感じですよ。いまのいままで、人がわたしに向かって自分の日常生活のことを話してくれるのが好物になったのが、こうして過ごした時間の賜物だったなんて考えもしませんでした。そうした場所こそが、とても楽しい記憶がとめどなくつきることのない源泉なのですから、当然ですよね。わたしの子供時代の楽しかった思い出です。たいていの嫌な思い出は、自分の家族と家にまつわることですが、いい思いは、おばたちと祖母の家に関係しています。

ベル：それで思い出しました。自分の家のなかで何かを言うのはとても危険なことだ、という言い方がありますね。たとえば、わたしの住んでいたのは本当にせまい家でしたが、食事が終わると、みな別々のベッドに横になって休憩するのです。すると、みなが聞き耳を立てている。ですから、ある人に向かって話しかけていると思っていたのに、関係ない部屋の隅から答えが返ってくることがある。みな思っていることは一緒で、本当に秘密にしておきたいことがあるなら——

スチュアート：言わないにこしたことはない！

ベル：そう。それにわたしは田舎育ちの女の子でしたから、大学に進学して地元を離れても、大学もこうした会話に満ちた場所だと思っていたわけです。もちろん、地元の小さな町での話し合いや近所のひとたちとの付き合いの代わりに、大学での立派な思想といったものがその代わりをしてくれるだろうと考えていたのです。ですが、朝早くに起床して、そのまま腰掛けておしゃべりをするものだ、とも思っていました。スタンフォードに足を踏み入れて、まずひどくがっかりしたことのひとつが、会話をする場所がなかったことです。ですから昔は、集まってお茶を飲んだりおしゃべりをしたりする部屋を、わざわざこしらえたわけです。

スチュアート：ですよね。でも、いざ足を踏み入れてみると、そうした使われ方はもうしていない。そうしたことに考えが及ぶほど、自分が大学のことを知っていたとも思えないんですよね。

ベル：自分がどういう風に想像していたかも、わかってなかったわけですよ。

スチュアート：そう。ただ言っておきたいのは、始終というわけではないにせよ、自分がオックスフォードで過ごした時期というのは、六年もの長い間にわたるのですが、思想的・政治的に振り切れた密度の濃い会話に満ちていました。ニューレフトの始まりに立ち会ったのですが、関係する人間が周りにいたんですね。いろんな人間が住んでいる大きな学生寮があったのですが、そこにはカリブ海地域の人びと、ニューレフトの人びと、文学を学ぶ人間、アートスクールで芸術を学ぶ人たち、それに大学に属さない人もいて、つねにあらゆる分野の人間が混じり合っていました。非常に多様性に満ちた、密度の濃い会話の場だったわけです。誰かと言葉を交わしたいと思えば、ある意味で、誰かがそこにいたのです。

ベル：時代とも関係する話だと思いますか？

スチュアート：そうですね、五十年代終わりから六十年代にかけてのことですからね。あまりそのことについては美しく語りすぎるつもりはないんですけど。というのも、ほかには絶対に好きになれないこともあったわけですから。オックスフォードに行きたくはなかったし、大学を出る頃には嫌気が差していた。だから、薔薇色の思い出としては語りたくないんです。ですが、『ユニヴァーシティーズ・アンド・レフト・レヴュー』が最初に刊行されたのもこの場所ですし、自分が初めて自立した生活を始めた場所でもある。実家を出て大学に行くと、一年の間はそこで面倒を見てくれる。それから、学生寮に引っ越して、そこで別の中心となる場所をつくったわけです。そして、表向きのオックスフォードのありようラディカルな政治や文学の拠点と言ってもいい。

やそれが代表するあらゆる事柄と闘争したわけです。こうしたことが、活動に思想的な密度を付与していたのです。とても刺激的な日々でした。

ベル：労働者で貧しい環境からスタンフォードにやってきた人間として、本のための費用や生活費を稼ぐために、わたしは授業に出席しつつも、つねに働かなければなりませんでした。こうしたことから、日常の労働環境のなかで若き知識人の「予備軍」としての立場に、否応なく置かれたのです。そうした環境で渡り合う方法のひとつが、会話をすることでした。一日中テレフォン・オペレーターとしてマイクを前に腰掛けることもしましたし、そうする間にも、やむにやまれず、全員で一斉に自分たちの人生について言葉を交わすということもしました。『わたしは女ではないの？』(4)を書き始めた時、わたしは電話会社で働いていたのですが、そこで働く女性全員で、黒人女性であることをどのように思うのかについて語ったのです。ほんとうに大事な空間でした。こうした経験があるからこそ、会話が潜在的な教育の場なのだと思えるのでしょう。人びとがお昼時に一緒に座っていると、出身階級が同じだろうとそうでなかろうと、言葉を共有する可能性というのが生まれるのですね。

（4）『アメリカ黒人女性とフェミニズム――ベル・フックスの「私は女ではないの？」』（大類久恵／柳沢圭子訳、明石書店、二〇一〇年）のこと。ベル・フックスの最初の著作で代表作。原著は一九八一年。

スチュアート：そう、そうした壁を越えて共有するんですよね。会話が素晴らしいのは、もちろんのこと、会議であるとか、決まった格式ばった機会とは異なり、流動的だからです。ささいなことから深淵なことへ、内から外へ、セクシュアリティやジェンダーの壁を越えて、経験の壁を越えて、移動することができる。対話をしているんだ、交歓としての会話を行っているんだ、という感覚を与えてくれる。

ベル：先日、南部出身のある黒人男性の配管工が家に来たとき、「バスタブをきれいにできないんだけど！」と話しかけたんです。「洗剤か何かありますか？」と訊かれたので、「いや、洗剤は試したんですけどね」と。それから、言われたとおり、洗剤を持ってきて渡しました。彼は例の汚れをきれいにすると、言ったわけです。「こりゃ嵌められた。こうして掃除をさせられてしまうんだな。」それからわたしたちは、ジェンダーやその役割について、言葉を交わすようになったんです。

スチュアート：まさに、そうでしかあり得ないかたちの会話ですよね。格式張って言葉を交わそうとしても、会話は弾みませんから。

ベル：その日はアンソニー・アッピア(5)とランチに行く予定だったので、その配管工に言ったんです。家を出て、ランチに行かなくちゃ、と。するとこう尋ねるんです。「誰とランチに行くんです？　人生をともにする男の人でしょうか？」それに対して、「ほんとは、男性でゲイの友人とランチに行くつもり」と答えました。すると、そんな予定やめてしまいなよ、って言うわけです。それに、自分は結婚してるけれども、あなたの「特別な友人」になることもできる、って。それから、グリニッチ・ヴィレッジでの生活について、ゲイであり友人であるのはどういうことなのかについて、別の会話が始まったんですね。こうしたことが、つねに思想家としての自分を魅了し続けるんです。すなわち、異なった場所や壁を越えて知をはぐくむ可能性です。自分の人生が制度的なものを中心に回っているという事実に向き合って、悲しくなることがあります。大学はますます、わたしにとって、ある種の会話を続けるには適さない場所となってしまった。形式を重んじる場で、講演をお願いします、話してくださいと依頼されることで、言葉を交わす機会が否定されてしまっているのではないか、そう考えていたんです。講演料を支払われることで、思想について語るという行為そのものの精神がないがしろになっているのではないか。会話をすることの喜びそのものが否定されているのでは、ということです。

（5）クワメ・アンソニー・アッピア（Kwame Anthony Appiah, 1954-）ガーナ出身の哲学者。プリンストン大学教授を経て、ニューヨーク大学教授。主著に『コスモポリタニズム』（三谷尚澄訳、みすず書房、二〇二二年）など。

スチュアート：先ほど、五十年代と六十年代にはある種の会話のかたちを促すものがあったと述べました。だけど、人生においてひとがどのようなステージにあるか、ということとも関係あると思うんですね。自分がそのような会話を交わしてきたかはわからない。いまでは、限られた範囲の人間としか、そうした類の会話をしないようになってしまった。これは、あなたが先ほど述べていたことと関わるかもしれない。つまり、教えることは給料をもらうことであって、話すことに対価をもらうことでもある。だから、話すことについての資格というものが、そうした事実によって変容してしまうんです。

ベル：コーネル・ウェストとともに『食事を分かち合う』という本を作るにあたっての条件について、考えていました。ニューヨークで会うこともありましたし、別の時は、彼がオハイオ州オベリンに訪ねてくることもありました。とうもろこし畑に囲まれた小さな町を歩いたり、一緒に歌をうたったりもしました。夜になると、ウィスキー片手に腰かけて話し込んだわけです。でもいまじゃ、彼とそうしたことをしていたのが信じられない。ほとんど会うことはありません。わたしたちの会話は、脇目も振らずに話し続けるといったものでしたし、重苦しい時間を共有しながら話すという感じじゃなかった。途中で話をやめて、売り出し中の不動産に目を止めるということもしました。こういったことが全部、どのようにして思想をめぐって語るかということの性質を変えてしまうんですよね。

スチュアート：ほかでもない、リズムが関係するからでしょうね。ある濃密なリズムで人生の時間を生きているなら、会話のリズムにはなじまない。急ぐのは禁物です。会話が始まるにせよ終わるにせよ、一定の空間が必要となります。短い間しか続かないこともあれば、長続きすることもある。かなりの分量にまで発展することもある。

ベル：わたしのはじめの頃の本は、会話を通して考えられたものなんです。アカデミアと労働の世界との境界線上の空間に自分がいたからです。『わたしは女ではないの？』を書いていた時、電話会社で週四十時間働いていました。その時には、もしあることを思いついたら、そこに行って試してみたらいい、そう思ってたんです。こうした継続する話し合いの場があり得たんですね。ですから、これは本にすべきだとじっさいに思ったのは、ほかの人たちと徹底的に話し合ったからであって、自分との内的な沈黙を通じた対話によるものではないのです。

スチュアート：自分の場合は、そうした書き方はしません。思考についてはそうした方法を取りますが。だから、そういった意味では、わたしが思想的に最良なのは、いつも長期間にわたって、多くの人たちを巻き込んで一緒に働く場合なのです。そうすると、自分たちの考えについて、ある形式にせよ、別の形式を取るにせよ、話し続けることになるのです。わたしにとって、書くことはずっと孤独な作業です。ですが、いわゆる会話体の声というものを意識して採用しないわけではない。自分が書く場合、それを書く作業よりも、どのようにして自分が声に出して発話しうるか、ということを意識しています。書くだけの作業になると、凝縮した風通しの悪い書き方になってしまいます。ですが、話すことを考えながら書くと、もっと読みやすく、地に足のついた書き方になります。じっさいにはほかの人と話すというプロセスがきっかけでなかったとしても、会話の痕跡があるわけです。

ベル：多くの人たちがわたしの作品のことを評して、会話をしているような側面があると言います。わたしの場合、まさにその通りなのです。じっさい、日常の会話から出てきたものですから。映画についてのエッセイを集めた新著を書き終えたばかりなのですが、収められたエッセイのなかに、ある友人と『パルプ・フィクション』を観に行ったことがきっかけで書かれたものがあります。夜中に映画館を出たんです。映画について、濃密で熱のこもった会話をした後、家に帰って一晩かかって書きました。書くものには、そうした会話の新鮮さと濃密さが欲しいんです。映画を観たときと、それについての会話の間にあまりに時間が空いてしまうと、そうした濃密さを書いたものにもたらすことができなくなってしまう。

スチュアート：自分の場合は、書くことをそのようには捉えていません。たとえば、観たあとすぐに映画について話すということはしたくない。映画がどんな感じだったかを自分に向けて語ろうとする人にはイライラしてしまう。まずは、映画の持つイメージが、しかるべき場所に落ち着くまで待ちたいんです。こうした意味で言えば、書くことはわたしにとって、内面での会話と言えます。あとから振り返って考えるよう促されない、ということではない。以前に交わした会話の痕跡をたどり直して、ふたたび書くことに立ち戻ることもあるんです。自分は、書くことが会話を逃さないようにするものである、とは考えないということです。

会話には人との関わりがある。部分的には、友人関係や自分の周りにどのような人がいるかということに関係する。そうしてみると、自分は奇妙な立場に置かれている、ということになるんです。同世代からはみ出していましたから。わたしはいまもっとも近しいと感じる人たちと会話をするのですが、そうした人は自分が育った世代とは異なる世代に属する。自分が育った世代とは、感情の面でも、それに思想や政治の面でも、遠くに来てしまった。別の時代に生まれ変わったかのようです。自分が何歳かを人がもはや想像することさえできないとわかって、愕然とするんです。とても長いあいだ生きてきたんだと述べると、納得がいく。六十年代に青春を過ごしたんでしょうか、と尋ねられるからです。「違う、五十年代だ!」って応えるんですが。五十年代には人びとと非常に濃密な関係のなかで生きていた。みなわたしより年上でした。だから、問題をさらにさかのぼって考えざるを得なくなる。この人たちは、戦後四十年代生まれです。つまり、ここ二十年から二十五年ほどのあいだ、わたしにとって、その世代全体は不在だったわけです。これがどういうことになるかというと、会話を交わす人びとは自分よりずっと若い、ということなんです。もちろん、年齢が問題となるだけでなく、経験が非常に異なる。そうしたことこそ、自分が望んでいるものなのです。文句を述べているのではありません。ただ、会話の性質を変えてしまう、ということなのです。会話自体が、教えることに近くなってしまう。老人と学生の会話といった性質を帯びてしまうわけです。じっさいは、教えているのは若い人たちであって、学んでいるのはわたしなんですけどね。

ベル：すでに何度も立ち戻った場面ですが、「ふたりはちゃんと話すべきだ」ってわたしに言い続けたのは、ポール・ギルロイなんですよね。その度にわたしが言ったのは、「けれどね、気後れがしてしまう」ということでした。怖かったんですよ。いまその理由に触れてくれましたよね。ふだんは、自分よりずっと若い人たちに向かって話すんです。でなければ、同僚か自分と同年代の友人です。世代を超えた会話は、あまり行われることがない。そうした機会の欠如がどれほど自分たちの可能性を狭めているか、と思うことがあるんです。トニ・ケイド・バンバラ(6)が以前教えてくれたことがあるんです。人生のある時点で周りを見回してみると、自分より若い人びとにしか話しかけていない、って。続けて、彼女はこう思ったわけです。自分の感情的な成長にとっても、思想的な展開にとっても、いいことではない。いろんな世代の仲間がいる必要がある、って。彼女の場合、いつも年齢の若い聴衆と対話をしているという事実によって、会話と権力という関係について考えざるを得なくなったのです。それで、「わたしはスチュアートとどうやって話したらいいんだろう？　自分が彼の仲間だって想像できるだろうか」って考えるわけです。会話が発生する空間について思いをめぐらすのは、興味をひかれますね。

スチュアート：トニ・ケイドがどう思っていたか、わかりますよ。自分の場合は、そのように考えたことはありませんけど。自分の人生で世代を越えた会話がつねに存在したのかということですが、それについてはどうしようもなかったのです。分岐点がふたつ存在しました。ひとつは、自分の青年時代の終わり、すなわち、成人期の始まりに、英国にやってきたことです。どういうことかと言えば、わたしにはすでに、ひと世代分の喪失がある、ということです。自己形成をした世代、自分が十代をともに過ごした世代です。そのすべてが失われてしまった。その人たちのことを知らないというのではない。ジャマイカに戻ったら再会します。けど、六十年代と七十年代にこの人たちの経験したこととは、とても埋めがたい溝がある。わたし自身の経験とも非常に異なるわけです。わたしもまた溝の埋めがたい経験をしたわけですから。ふたつのまったく異なる経験なのです。この人たちとはもはや対話が成り立たない。振り返ってみると、それがひとつ

（6） トニ・ケイド・バンバラ（Toni Cade Bambara, 1939–1995）小説家、ドキュメンタリー映画作家。一九七〇年代以降のブラック・フェミニズムをリードする作家として重要。代表作に *The Salt Eaters*（1980), *Those Bones Are Not My Child*（1999）など。ウィメン・オヴ・カラーのフェミニズムを代表する古典的なアンソロジー、*The Black Woman*（1970）や *This Bridge Called My Back*（1981）の編集および寄稿を行う。

の分岐点です。そして、もうひとつの分岐点がある。英国に来てから見出したものです。すでに話しましたが、大学でニューレフトに関わっていました。六十年代のある時点で、それから大いなる転換がありました。六十年代のある時点で、わたしはふたたび、まったく別の人間になったのです。またしても、とてもよく知っていますし、なかにはいまだに非常に親近感を抱いている人もいます。ですが、なかにはそれほど近しいと感じない人もいますし、かなり長い間、そのような感情を抱いたことがない人もいる。何人かとは、いまでは会話さえ成り立たないでしょうね。彼らもまた、わたしが誰なのか皆目見当もつかないでしょう。

ベル：自分はフェミニズムの運動の内部で、そうしたことをもっとも痛切に考えてきました。自分自身というものの限界を乗り越えようとし続けてきたのです。しかし、七十年代はじめに自分がともに語るようになった人びとの多くにとっては、フェミニズムの意味するところ、すなわち、フェミニズムの限界を変化させ続ける、ということは気が進まないようなんです。じっさい、そうした変容から距離を置いた運動も存在しました。カルチュラル・スタディーズへの跳躍というものが起こったのは、わたし自身をそういった静止状態から、どうしてだか止まってしまった会話から、救済するためだったのです。

スチュアート：あなたとは違って、政治の世代の話をするときにわたしが語っているのは、ある時期、非常に多くの面で解放的だった政治の世代のことです。ですが、世代としても終わりが来る。みな死んでしまったというのが大きい。もう、自分の支えとはならないんです。一緒に成長することはありませんから。あなたがカルチュラル・スタディーズのことを、壁を越える方法として語ったのは、共感できます。わたしにとってもそうでしたから。ですから、「六十年代」と言うときにわたしが考えているのは、政治の面で六十年代が意味するあらゆることです。とはいえ、カルチュラル・スタディーズも含まれます。とりわけ、共産主義のことですね。そうしたことが、わたしを後戻りできないほど、別の人間に変えてしまった。いま振り返って重要だなと感じるのは、わたしに新たな視点をもたらしてくれた、ということなんです。つまり、六十年代と七十年代のフェミニズム第一世代のものの見方です。キャサリンの世代でもあるわけですが、彼女はわたしよりもずっと若くて、十三歳も年下なのです。

ベル：わたしの学生たちは、カルチュラル・スタディーズやフェミニズムが突破口となったというあなたの議論に首ったけです。ですが、とりわけあなたの用いる「クソ」のイメージには困惑してしまいますけど。

スチュアート：排便のことね。

ベル：そうです。

スチュアート：英国の人たちも同じです。そういうふうに考えていたわけではないんです。念頭にあったのは、「コーヒーテーブルの上でクソをするなよ」という、よくある言い回しのことです。つまり、上品な場所で無礼なものの見方をしてはいけない、という意味です。そうした意味で用いたのですが、もちろん、ひとが無意識に何を言わんとするかなんてわからないものです。ホールにとっては、フェミニズムはありったけのクソと結びついていたわけね、と言われるかもしれないし、じっさいに、そら見たことか、と。けれど、ほんとうにそういうつもりではなかった。むしろ、そうした言い回しを攪乱することこそ、フェミニズムの本分だったのだし、フェミニズムがなすべきことだったのです。

ベル：結果的に、不和を作り出してしまいましたよね。

スチュアート：確実にね。結果的に、会話をもたらすことになって、それが不和となって結実したわけです。進歩的なものの見方の中心である左派、マルクス主義者、大学内での献身的な学者などは、この程度に過ぎなかったわけです。そうして交わされる言葉の中心で、みずからを崩壊させるような作業が、必然的な結果としてついてきました。

ベル：とはいえ、興味深いですね。自分が語ったことで後悔していることはほとんどないんです。昨年の『ヴァイブ』誌のインタビューで、こう述べたことがあります。オプラ・ウィンフリー(7)は白人文化の男根を舐めるのに忙しくて、ほんとうに面白いことに手を出す暇がない、って。まるで、そうした表現自体が性加害の一種であるかのように、説明責任を求められたのです。唖然としました。下品とか口にするのもけしからんとか、とくに思ってもみなかったものですから。とりわけモラルを逸脱した発言とも思っていませんでした。そうしたことが、フェミニズム内部でのある種のつまづきになってきたんです。すなわち、わたしたちがある物事についてどのように語るかについて壁を設けようという欲望であり、それこそ、高圧的な政治的正しさがある種の重荷となってきたわけです。

スチュアート：以前わたしにもそうしたことが、一、二度ありました。『レデンプション・ソング』というテレビシリーズを作成中、ガイアナで撮影していたときのことです。主に、年季奉公労働についての回を作成するためにガイアナに足を運んだんです。

インド系住民とアフリカ系住民のあいだには、ガイアナの外の人間の大半が知っていたり、そ

（7） オプラ・ウィンフリー（Oprah Winfrey, 1954-）アメリカのテレビ番組の司会者として有名。自身の番組で文学作品や自己啓発本についてよく取り上げる。俳優として映画にも出演している。

うだと思い込んでいる場合と違って、ずっと民衆レベルでの関係が存在していたんです。撮影中のこと、若いインド系の美容師が、アフリカ系のガイアナの住人について下劣な物言いをしたことがあった。こうした表現に手を加えることなく映像を作ったんです。その点に関しては、「自分たちの思うところじゃないけれども、この人たちのありのままの考えなんだ」と思ったからなんです。この人たちはアフリカ系主導の政府によってひどく抑圧されていると思っている、番組はそう伝える必要があった。だから、こうした表現に手を加えなかったんです。ただ、カリブ海地域からは大いに抗議の声が上がった。ひと月ほど前にガイアナ料理のレストランに行ったのですが、番組の放映は二年半前のことだったにもかかわらず、人びとはいまだにその表現のことを覚えていましたよ。「自分たちは懸命に働いているのに、黒人は自分たちのことをまだ犬同然に扱うんだ」、という台詞です。こうした表現は数えきれないほどあります。しかし、これはそのままにしたんです。そうしたことをすべて検閲してしまったら、自分たちのやっていることは何なんだってことになりますから。たんに放送したくなかった、ってことになってしまう。フェミニズムについて自分が述べたことについては、そうした類の感情はありません。別の時間軸に囚われていたんです。「コーヒーテーブルの上でクソをする」という言い回しは、昔の五十年代の言い方で、別に有名でも何でもない、あるアメリカ人の友人から借用したものなんです。そうした言い方はするべきではなかった。けれど、あなたが政治的な正しさについて述べていることを否定するつもりはありません。フェミニズムが関わるにあたってとても深刻な問題ですから。

ベル：フェミニズムが介入してきた特定の時点でのご自身の思想的な仕事と、フェミニズムの思想家と関係を構築していた私生活との関わりについて、もう少し話してもらえますか？　フェミニズムによってもっとも変容をこうむる男たちというのは、公的かつ思想的な局面においてフェミニズムを支持するだけでなく、フェミニズムによる私生活の点検作業をあわせて行ってきたんじゃないかと思っているんです。とりわけ念頭にあるのは、左派の男たちのことですし、左派の歴史を視野に入れています。たとえばコーネルのような人は、プライベートな関係においては、あなたのようにフェミニストのパートナーとの継続した関係性を築いてこなかった。男だろうと女だろうと、フェミニスト女性のパートナーがいる場合、その人が普段は実情を観察しているわけですから。

スチュアート：その通りです。公の場での知識人としての振る舞いと私生活との関わりについての論点は、異論ありません。それほど大きな影響力を持つ出来事だとは思わなかったけど、そうであってもおかしくないでしょうね。

ベル：一度そうした特別な瞬間、フェミニズムが窓から押し入ってくるという、ある種の介入として機能する瞬間の空気というものがあって、そうした闘争に満ちた時期がいったん過ぎ去ってしまうと、男たちの多くは、フェミニズムのことなんて考えもしなかった時の居心地の良い場所に収まってしまうことができるんです。でも、感情の面でも思想の面でも、私生活と同時に公的な局面においても、フェミニズムの思考と全身で心から関わり続ける男たちの場合、そのように来た道を引き返すことはできないのです。

スチュアート：自分の場合、私生活と公的な局面の両方での出来事でした。一九六四年に、わたしはバーミンガム大学に職を得て、住み始めました。キャサリンとわたしは結婚したてで、彼女はまだ学生でした。サセックスからバーミンガムに学籍を移したんです。自分はセンターに関わる若い教員でしたし、彼女は歴史を研究する学徒でした。一九六八年に引っ越しをしたあと、子供を身籠ったのです。六八年に大学が大々的に占拠されている時期に妊娠したんです。ベッキーを出産してから二ヶ月ほど経った頃、彼女が大きな講堂で座り込みをしていたのを覚えてます。バーミンガムで例のフェミニズムが産声を上げたのは、そうした事態が始まってすぐのことです。参加していた女性全員、その多くが大学人の妻であり、研究や活動で非常に積極的な役割をになっていたのですが、直近の二年間で最初の子供を産み、突如としてみな家庭に引きこもることになったのです。みな家で赤ん坊の世話にかかりきりでした。彼女たちは集まって、赤ん坊とやらが青天の霹靂のように降って湧いたというこの不可解な事実を共有しようとした、それが始まりでした。あるときなど、キャサリンは博士号を取得するところでしたが、突如として、わたしの妻という資格しかないという状態に置かれたわけです。わたしは仕事に行かなければならない。

センターは軌道に乗りかけたばかりだったので、わたしは現場での生きいきとした話を抱えて帰宅することになる。すると、爆発が始まるわけです。ですから、とても個人的なことですし、公にしづらい所はあります。最初の子供にかかりきりでしたし。で、ふたりの関係を根底から変えざるを得なくなった。まさにこの世の地獄のように罵り合うわけですよ。歳の差によって、ことが大きくなった部分はありますね。わたしが男だからというだけではない。彼女より十四歳も年長の男性であり、すでに政治的にも成熟し、政治的な交友関係があり、彼女の知らない友人がいた、ということです。彼女にとって、この状況を勝ち抜くのがどういったことなのか想像してみてください。文字通りの闘争です。

わたしは家事を分担するようになりました。ただ、それはたいしたことじゃない。よくあるように、家のことを切り盛りし、子供の面倒を見るようになったわけです。ですが、自分が口を噤み、語るのをやめねばならない、二十年近くものあいだ口出しするのを止めて、彼女たちが言葉を発する邪魔をしてはならない、そうした考え方は非常に受け入れ難いものがあったんです。自分が政治というものを捉えるあり方を変容させたんです。こういう言い方をしたら吊し上げにあうかもしれませんが、フェミニズムは政治についての女たちの考え方を変えた以上に、わたしの政治についての考え方を変えてしまった。その世代の女性たちの多くはマルクス主義フェミニストになり、わたしよりもマルクス主義に精通し続けています。自分は、彼女たちよりも、フェミニズムによるマルクス主義批判によって揺さぶられたんです。それから、自分に言い聞かせるようになったんです。「それはおかしいよ。フェミニズムによって自身の言い分は成り立たなくなった、そう言っていたじゃないか。理解できないね」、って。

ベル：非常に大事な論点ですね。フェミニズムと本質主義に対する批判に立ち戻って考えさせてくれる話です。女性であり、フェミニストであると自称したからといって、一連の思考に関わる男性よりも、政治運動や一連の思考としてのフェミニズムによって必然的に変容をこうむる、というわけではありませんから。

スチュアート：そのことはいずれにしても、フェミニズムがもちろんのこと、女性たちにとって計り知れないほど重要であったことを示しているわけです。ですが、自分が知っていると思っていたことや、自分で信じ込んでいたことを揺さぶってくれたという点において、わたしにとってこの上なく重要だったのです。結果として、その時の女性たちはいまでは親友です。フェミニズムは、六十年代と七十年代を生きた多くのフェミニストと、言葉を交わす作業の切り口となったのです。

ベル：当時関わっていた黒人女性は非常に多かったと言えるでしょうか？　あなたや、たとえばポール・ギルロイと交わしてきた思想や批評をめぐるさまざまな対話について言及すると、わたしはイギリスの黒人女性から批判されることがあるんです。「あの人たちはあなたには口をきくんですよ。アメリカに住んでるから。けど、わたしたちには見向きもしない。わたしたちはいないことにされるんです」と。

スチュアート：それはその通りかもしれない。でも、誰に語りかけたら良いんです？　歴史的にみて、当時関わっていた黒人女性はそれほど多くない。とても少なかった。あの特有の構造のなかの出来事を通してわたしが経験したのは、まずもって、黒人女性が介入した際に、問題が人種に関わるものであると認識されるようになった、ということです。それから、わたしにとっていろんな意味でもっとも印象的だったのは、黒人女性が運動に参入した結果、自分たち自身のことを再度ふりかえって考えるようになった白人のフェミニストがごく少数しかいなかった、ということです。

ベル：その通りです。

スチュアート：すべてが非常に深刻な問題をはらんでいたわけです。出来事の順序としてはこういったものでしたから、六十年代のバーミンガムで周りに黒人女性がそれほどいなかったのは、不思議ではありません。ですから、黒人女性とは話をしていませんでした。黒人女性がフェミニズムに介入するのは、ひと世代後のことなのです。

ベル：ニューヨーク大学で行われた「ファノン探訪」カンファレンスでの対話〔一九九六年十月開催〕は、こうした立場の違いを象徴的にあらわしていましたね。自分の行った提題では、黒人男性と黒人女性のあいだのある種の対話を尊重しようと思っていたのです。互いの関係についての昔からある議論ではなく、ジェンダーとフェミニズムをめぐる討議です。白人女性が関わるのとは別の仕方で、フェミニズムこそが、あの個別の対話を提起しえたのかもしれないのです。

スチュアート：と同時に、ベル、あなたこそが、ある種の黒人女性とは別の仕方で、そうした個別の対話を引き出すことができたかもしれないじゃないですか。

ベル：それはそうですよ。けれどね、英国の黒人女性の思想家の多くが、公の言論空間から撤退してきたという事実があるんです。そうした空間について自分がよく知っている範囲で言えば、黒人女性の思想家たちは非常に強力なかたちで存在していたんです。だけど、彼女たちは語ることがなかった。思うに、その撤退というのは、ある程度は聞き手の問題でもあるのです。これはじっさい、絆や歴史をめぐる問いとも関係するわけです。あなたと語る場を持つことに怖気付いてしまう理由を考えてみると、それは、白人女性のフェミニスト思想家だったら、あなたに対して語りかけても肩肘張る必要がないだろうな、ってことがわかるからなんです。ですが、こうも考えるんです。批判してくださっても構いませんが、別の理由としては、わたしがあなたに対してより親しみを感じるからでもあるんです。たとえば、授業であなたの仕事を扱ったことがあり、陳光興《チェン・グァンシン》によるインタビュー記事「あるディアスポラ知識人の形成」（一九九六年）を読んだのです。カリブ海地域にルーツがあるアフリカ系の学生が多いクラスで、ほとんどが黒人女性で白人女性はひとりでした。あなたが姉について語る箇所に来たとき、わたしを入れてそのクラスの黒人女性全員が、自分たちはあなたの姉だ、と思ったんです。彼女のたどった運命はわたしたちの運命でもある、と。教室にひとりいた白人の学生はそうは思わなかったみたいですが。

スチュアート：手に取るようにわかります。もっと一般的な場面に置き換えて語るのは難しいですね。そうした経験の内側には、人種がとりかえようのないものとして存在しているから。

ベル：話し方のことでもいいんです。ある物事に対して反論しうるのだ、という感覚ひとつをとってみてもいい。問題にとりくむときのそうした感性のあり方が、あなたは自分と近しい存在なんだ、という感覚にさせてくれることがあるんです。象徴的な家族の絆みたいなものです。なぜなら、歴史的に黒人女性の立場からすると、フェミニストの立場から批評を行うと、人種的アイデンティティや人種を土台にした連帯といった観点にどのような影響をもたらすことになるのだろうと考えざるを得ないわけです。ですから、そうした批評はとりわけ困難であり続けたのです。怖気付いてしまうけれども、克服しようと頑張ってきました。多くの場合、わたしはそうした気後れを感じたりはしません。ですが、世代の問題とも言えるのです。年長でマルクス主義フェミニズムに馴染んでいる黒人女性と自分が異なると思う部分は、わたしの場合、七十年代に幼い学生だったということなんです。自分はフェミニズムを経由してマルクス主義思想に馴染んだものですから、権力や発話のあり方として完全に別の立場から来ているわけです。

スチュアート：そうした世代の問いは、深刻なほど重要だと思われてない。

ベル：そのような黒人女性の思想家たちの多くは、わたしのような人間に我慢がならないのです。オプラ・ウィンフリーについて例のような論評を加えても、彼女を躍起になって貶めている、なんて思わないわけですからね。あまりにひどい酷評だ、シスターフッドを汚しているなんて思うのは、じっさいには、そういった年長の世代なんです。手ごわい批判だと思います。

スチュアート：そのような世代間の差異は存在しますよね。センターに関連するエピソードはこの文脈でも重要となります。こうしたフェミニズムの経験によって変容をこうむり始めていたものですから、当時のバーミンガムにおけるフェミニズム運動内部で行われていた会話のなかで、いったん声を、別の声を見出すやいなや、「カルチュラル・スタディーズにはどのような影響をもたらすことになるんだろう?」という疑問が立ちあがったわけです。自分が覚えているのは、経緯や詳細については異論がある場合もありますが、こういうものでした。すなわち、センターのわたしたち男性ふたりがフェミニストと生活を共にしていて、この疾風怒濤に巻き込まれていたわけです。そのふたりが、センターにフェミニズムを導入すべきだ、と提案したのです。このように、自分たちがフェミニズムを頭上から投下しようなんて、どれほど馬鹿げた考えか想像してください。最初はうまくいきませんでした。外部の書き手をふたり導入して、フェミニズムの思想を分かち合おうと望みました。人びとはそれほど関心を示しませんでした。この人たちは、特にフェミニストだったというわけではなかった。特別な関わりがあったというわけでもなかったのです。その後、フェミニズムが自然な力としてやってきたとき、わたしたちは否応なく、人びとによって別種の沈黙を強いられる対象となりました。もちろん、そのことについてはひどく憤りを覚えました。その人たちを阻止しようなんていうのは、完全に誤った考え方でした。いまでは、そうした考え方を擁護するつもりはない。わたしが再構成しようとしているのは、心理学的な見地についてです。このモノを導入しようと躍起になった。すると女性たちは関心を示さない。それから、フェミニズムが到来した時に応答をしなかったかどで責められた。当然といえば当然です。言葉にはこのような二重の運動がつきものです。誤解はあらゆる場所に存在する。フェミニズムがコーヒーテーブルにクソをしようとした、ということで言わんとしたのは、こういうことなのです。

ベル：それは同じ政治過程に属するのだ、すなわち、人種に関する議論をフェミニズムに持ち込もうとした黒人女性たちが、テーブルの上にさらにクソをしようとしていると思われたということと変わらないのだ、そう考えたら理解が深まるでしょうか？　ここ十年から二十年にかけて、白人女性たちはわたしを黙らせようとしましたが、それは凄まじかったですよ。ですが、いまでは、非常に多くのこうした女性が、人種を用いることで、自分たちの政治的な想像力や行動を作りかえようとしているのを見て、この上ない喜びを感じるわけです。とはいえ、当時は誰も耳を傾けようとしなかった。人種に関する言説はフェミニズム研究とカルチュラル・スタディーズに申し分ないほど浸透しているため、それらが導入されたときに信じ難いほどの敵意があったなんて、忘れられてしまっているんです。

スチュアート：ポール〔・ギルロイ〕が書いた論文が引き金となって、現代文化研究センターでも人種をめぐって同様のことが起こったのをご存知と思います。まさしく同じことです。みな善良なリベラルで、人種をめぐる問いに理解がある。けれども、ある研究グループがこの問いを深めようと試みた。それから、とんでもない地獄が待っていたわけです。カルチュラル・スタディーズを含め、人種の問いに向き合う作業は、いまではありふれていますが、そのような抵抗

について みな完全に忘れてしまっている。その点についてはもっと言うべきことがあります。そうした出来事に特有の側面というのは、闘争に巻き込まれているときは、矛盾に満ちたかたちの一つひとつを瞬間ごとに生きてしまっているわけで、そうなると、ああこれが長い目で見た闘争の一部なんだ、と見通すわけにはいかないんです。もうひとつの側面は、センターに関してもっともわたしの関心をひくのですが、無意識の抵抗がどのような性質を持つのか、ということです。そのころには、自分には意識下の抵抗はありませんでした。完全にすべてを受け入れていたのです。とはいえ、無意識の抵抗と無縁だったわけではない。修士課程の必読文献としてあらかじめ指定されたテクストに、わたしはある種のものを入れようとしませんでした。このような、とりわけ男たちの書いたものが既に手元にあって、この人たちのことだけ学べば良い、それがなぜなのかについて高度な理由を述べることさえできたのです。わたしには完全に論理的に思えた。フェミニズムについての個人的な感情とは無関係です。いまでは古めかしいとも言える感情の地層といったものは、わたしにはまったく驚くべきものと言えます。ですが当時は、非常に生々しいものとして存在していました。こうしたことが、いままで以上に民主的であろうと心掛けていたセンターの内情であったことを認める必要があります。わたしたちは、関係性を逆転させるようにして、開かれた議論を行い、会合や投票を行うことで、教員に対して何をなすべきか教えるということさえしていたのですから。非常に民主的な空間でしたよ。こうしたことにもかかわらず、そのような民主的プロセスの内部で、ある種の男性によって、ある種の男性主義的な構造によって、権力をとどめおこうという試みがなされたのです。この事例は、権力というものが日々機能している位相について何事かを教えてくれるでしょう。ですが、たいていの人びとは語りたがらないことです。そうした位相についてはロを開かないのです。じっさいには、こうした位相でこそ機能しているのですし、その時々に、ある局面から別の局面へと繰り広げられているのです。

ベル：そうした無意識の抵抗へと最終的に向き合わせたのは何だったのでしょう？　わたしは思うのですが、そうした緊張感こそ、フェミニストとして政治活動を行う女性たち、とくに分離主義的なフェミニストのことが念頭にあるのですが、そうした人たちの多くが感じているものだということです。たいていの男たちは、そうした無意識の抵抗をみずから検分する地点まで到達することは、まずありませんよね。

スチュアート：自分の立っている場所に気づいて驚いたわけです。そうした立場に置かれるのはごめんだ。だからセンターを去りました。家父長的な立場に収まることを拒んだわけです。センターには三人しか教員がいませんでした。センターを構成していたほかの人びとは、大学院生でした。昔なじみの家父長的な指導者という、人の上に立つ立場のほかに、収まる場所がなかった。たんに身動きが取れなくなっていたとも言える。そうした立場に立って、運営することはできないと気づいたのです。とてもじゃないけど無理だった。人びともわたしにそうしたことを望まなかった。きわめて正当にも、わたしがそうした立場に立つのを望まなかったのです。自分たちで運営することを望んだわけです。とはいえ、わたしがその場所に収まりたくなかったからといって、当てつけのようにして自分たちで運営する必要があるのだ、という態度に我慢がならなかった。ですから、その空間で纏《まと》っていた無意識の鎧《よろい》を脱いで、立ち去る必要があったのです。たんにその立場をこれ以上務めるのが無理だったので、出ていったのです。問題を避けるようにして、わたしはもうひとりの自分へと逃げ込んだのですが、別人格になることはできませんでした。自分がセンターで維持していた構造的な立場を維持することも、かなわなくなったのです。

ベル：そうして場所を失うという感覚こそが、まさにフェミニズムに関して多くの男たちが恐れ続けていることなんですよ。ものの見方においてはっきりとした変化が求められているのは、性差別という観点から自身に染みついた考え方を解体するプロセスなのです。

スチュアート：もちろん、そうです。最初の瞬間からそのことはわかっていたんです。個人的に抵抗をしましたし、それからある意味で折り合いをつけてきた。そして、公的な局面でフェミニズムを前進させたと思ったのです。すると、人びとの目の前で、じっさいフェミニズムに抗うことになった。そうしたこととも、折り合いをつけざるを得なかったわけです。確かに、そのような抵抗はこれまでずっと存在していました。

ベル：話を着地させるために、わたしたち全員があなたの姉であると考えた、例の瞬間に立ち戻らせてください。あなたの姉は実家に取り残されたわけですが、あなたは移動することができた。象徴的なレベルで問いを続けていたのです。なぜ、そのことがわたしたち全員の感情をこれほど深いところで揺さぶるのだろう、と。黒人男性はディアスポラの状態で移動することができるが、黒人女性には足枷がある、囚われたままだ、そういう感覚があるからなんです。

スチュアート：生涯、罪の意識として抱いています。わたしは出て行くんだと心に決めていました。出て行きたいってわかっていたんです。出て行きたいとは言ってみたものの、こんなに長くなるとは思わなかった。じっさいのところ、無意識のレベルでは、戻るつもりはありませんでした。姉のいた場所に戻ることになるからです。わたしたちみなに用意されていた場所、あの空間に。わたしたち全員が彼女の場所に居るべきだったのです。彼女は病院に居ました。わたしたち全員がその場に居なければならなかった。けれど、わたしは出て行きました。姉はそうすることができなかったのです。

ベル：このことを考えるにあたって、興味深く思われるのは、カンファレンスで述べたことですが、フランツ・ファノンが帰郷しなかったという論点です。わたしはそれを、象徴的な意味での故郷《ホーム》をめぐる政治的なプロジェクトである、と見なしています。あなたとこのように会話をすること、この一連の会話もそうですし、コーネルと行った対話もそうです。目指しているのは、関係性をめぐる言説の位相で、個人的な関係の位相で、黒人女性と黒人男性のあいだにフェミニスト流の連帯をもたらす思想をつくり出す、ということです。そうした思想的対話の重要性について語ろうとすることで、わたしたちは、ともに故郷を出ていくことができるのです。

スチュアート：これがその瞬間だったのだな、というのはわかるんです。わたしたち全員にとって、きわめて抜き差しならない経験ですから。すなわち、わたしたちはもはや故郷にいない、ということなんです。故郷と呼ぶようになった場所をある時点で出て行くべきでもあるということは、あらかじめ決まっていたのです。出て行く人もいれば、出て行かない人もいる。どうしても不可能なのです。どういうことかと言えば、たんに、帰郷やノスタルジア、故郷をロマン主義的に考えるのではなく、一体何だったのかと考え、歩みを引き返すための橋をかけるには、困難が伴うということです。故郷という空間には、へその尾で繋がっている感覚があります。でも、故郷に戻ったきりになる、ということはできるわけがない。どちらも、これまで同じくらい深刻に考えていました。ある意味で、一度も出ていったことはないのです。別の意味では、最初から出て行ったと言えます。帰属しているという感覚を抱いたことがありませんから。とにかく出たかったのです。姉が十七歳の時に何があったのか、この目で見ました。一家の状況すべてをあらわしていたと言えます。わたしたちの家族だけではありません。わたしたちの家族は、植民地文化というもののなかで、ある階級全体を象徴していたのですから。彼女を病へと向かわせたあらゆる物事は、わたしたち全員を構造的に病へと向かわせるものでもあったのです。わたしは既にそうしたものに冒されていました。ですが、自分の場合、もしそのまま居続けたら、感情的にも精神的にも死んでしまう、とわかっていたんです。完全にダメになってしまうだろうとわかっていました。

ベル：故郷を離れることができたのはフェミニズムのおかげだ、とわたしはつねづね語ってきました。さらに、自分が思想の面で、人種の言説にフェミニズムをもたらし続け、ディアスポラ状態における黒人の生のいとなみという具体的な政治にフェミニズムを導入し続けてきたのは、黒人女性はフェミニズムなしに故郷を出て行くということがけっして出来はしないだろうと思うからなのです。

スチュアート：わかります。ですが、わたしの場合、故郷を出るよう背中を押してくれたのは、フェミニズムではありませんでした。そうしたことには、あまりに早すぎたのです。わたしの場合は人種でした。それも、非常に込み入ったかたちでの人種です。植民地という背景における人種であり、わたしの家族のなかでの人種です。黒か白かという意味での人種ではない。そうではなく、わたしの家族が内面化してしまったかたちでの人種ということです。それを、世界を分類する方法として用いることになったわけです。そうした意味において、わたしは人種への気づきを得ました。公的な局面における構造であり、心的かつ個人的な経験であるという両面を持つものとして、人種という概念を手放したことはないのです。このふたつが分けて考えられることがありますが、単純によくわからないのです。わたしの姉は、植民地文化の人種差別的な性質によって、心理的に深いところで傷を負ったのです。

ベル：ですが、その文化はジェンダーの政治にも収斂するということですよね。

スチュアート：そのとおりです。しかし、当時はそのことがわからなかった。人種が理由でわたしは出て行くことになった。けれど、なぜ彼女は出て行くことができなくて、わたしは出て行くことができたのかについてフェミニズムが理解させてくれたのは、のちのことなのです。そうした次元のことは、ずっと後になるまでわからなかったのです。

ベル：ある種の慰めになりましたか？

スチュアート：いや、慰めなんかじゃなかった。さらにこじれてしまった。けれど、理解させてくれたんです。

ベル：つまり、個人的で親密な関わりを取り除いてくれたのか、ということです。すなわち、あなたが個人のレベルでできたはずのことがあったかもしれないという感覚を、フェミニズムは取り除いてくれたのでしょうか。

スチュアート：そう、その通りです。

ベル：そうしたフェミニズムの要素を人種の言説へともたらすことが、とりわけ、ブラック・ナショナリストとしての視点に由来する人種の言説へと導入し続けることが、頭ではわかっていながらも、どうしてこれほど難しいのだと思われますか？

スチュアート：それは本当にわからない。なぜそうなのかがわからないんです。人びとの人生を形成する事柄であるという観点から、人種の意味するところについて非常に深く考察を加えるや否や、たちまちジェンダーの分割線に沿って亀裂が生まれてしまう。一方を理解することができて、もう片方のことがなぜだかわからないという状況が、ずっと理解できなかった。なのに、そうしたことが、いとも簡単にあり得るのです。それだけじゃない。ある種の政治言説には、範疇のそうした二重性が手に負えないのです。そのようにふたつの仕方で考えることこそ、求められているのに。

ベル：そのような思考は、ある種の断絶なしに生まれ得ないのですよね。そうした事実へ、立ち戻って考えることも促してくれます。すると、これまでに到来したものを脱構築する作業、縫い目をほどくという作業こそ、わたしたちはあらためて取り組む必要がある。政治思想家や公的な場で知識人としてふるまう黒人男性の多くが、そうした作業に向き合うことに気が進まないのではないかと思います。だからこそ、わたしはいまだに、フェミニズム運動にたずさわる女性や白人女性が、じっさいにそうした断絶を奇貨としつつ、みずからすすんで変わろうとする姿を見て、非常に心を打たれるのです。そうした特定の領域において、フェミニズムは範例となる政治運動です。多くの人が、フェミニズムのこうした側面を認めたがらないのではないでしょうか。フェミニズムの運動は人種差別的だと口にして、そのままにしておくのではない。そうではなく、じっさいには、こうした具体的な断絶があり、それから運動の方針を再考するということへとつながるわけです。しかし、あの昔ながらのフェミニズムの規範にとらわれたまま、かつてのフェミニズムの規範になつかしさを感じ続けるというひとも、たくさんいるわけです。そうした人たちにとっては、大いなる喪失感を生み出したのだ、と言えます。

スチュアート：わかります。すると、さまざまな抵抗は、じっさいのところ、昔ながらの生活形態へのある種のノスタルジアにも由来するわけです。その位相では、大部分の黒人文化に見られる家父長制的な性質は、人種の抑圧や従属として経験されたあらゆる事柄へのある意味での埋め合わせなのです。

二　家父長制と人種

ベル：それこそ、次に議論したい点です。すなわち、故郷や帰郷という概念についてです。わたしたちがこうしたことを乗り越えていくためには、故郷という概念を発明しなおす必要があるからです。故郷というものが、家父長的な家庭へのノスタルジックな回帰であるかぎり、窓や扉を通じてフェミニズムが入ってくることは不可能となるからです。

スチュアート：それだと、断絶がそうした水準の攪乱まで、すなわち、みずからを変容させたり、変容を遂げた政治を引き受けたりするよう人びとを突き動かすという水準にまで、到達することはないでしょうね。

ベル：ポール・ギルロイが話していたことを考えていたんです。家族が再生のための唯一の場であるという考えに、アメリカの黒人はとくに囚われているようだ、と言うのです。そのために、わたしたちは家父長的な規範にくりかえし連れ戻されてしまうわけです。ルイス・ファラカーンと「百万人の行進」に関して、そのことを確認しました。

スチュアート：彼がそう言うのは理解できます。歴史的にみて、その理由はきわめてわかりやすいからです。

ベル：なぜでしょう？

スチュアート：奴隷制のもとで家族を構築することが、抵抗だったからです。それほどまでに、自由や自律、自分の生に対する支配をとりもどすことと結びついていたのです。家族というものには、あきらかに、とても強力で肯定的なひびきがある。ほかの構造が欠けていたということもあります。たとえば、黒人を代表する適切な国民的・政治的な組織が存在したことがない。市民として数多くの社会構造から排除されてきたため、必然的に、家族がいわば、最後のよりどころなのです。最初のよりどころであり、最後のよりどころでもある。不思議ではありません。ですが、そうは言っても、問題なのです。わたしたち全員にとって問題となる。ジャマイカの場合は、少し違います。家族は強力なまでに価値を帯びています。イデオロギーという面からそれほど前面に出るものではない。もっと感情的なものとして存在している。じっさい、家族が単位として機能しているのは、みながよりどころとし、外界から守ってくれるからなのです。とりわけ、男たちは外に出て行って、ある家族から別の家族へと移動し、母親の元から妻の元へと居場所を代える。自分の妻か自分たちに関連する家族のもとへと移動するまで、感情の面で外へ出て行くことがない。家族から家族へのこの歩みは非常に大事です。とりわけ中産階級の人びとにとってはそうです。もっと民衆レベルの共同体では、ご存知のとおり、女性の地位はゆるがぬ核をなしてきました。とても母性中心的です。とはいえ、家父長制度が支配的な社会のなかで、母性中心的なのです。ジャマイカでは、黒人家族それ自体の内側にこうした分裂があるのです。すなわち、女性たちは唯一、結束をもたらす継続した力として存在し続けてきたわけです。しかし、他方で、特定のきわめて重要な仕方で性的な存在感を示し、財産の面ではかなり頻繁に経済を支え、子供への権威という面では、ほとんど力を持ってこなかった、ということがある。こうした二重の緊張状態にさらされつつも、家族は立ち戻る場所として存在していたのです。次の世代で似たような問題をふたたび構成するとしても、そうしたことを解決するための場でもあるわけです。とりわけ、ディアスポラで構成された奴隷制以後のプランテーション社会にとっては、ほんとうに根深い問題なのです。

ベル：決定的な誤解について説明してくれましたね。確かに、ここ二十年フェミニスト思想家として生きてきた者として、さまざまな黒人共同体に語りかけるにあたっての大きな問題は、人びとが「わたしたちは、完全に女が支配してますから」と言いたがることにあります。そのように母性中心であることと、それでも家父長的な基盤が厳然とあることのあいだの違いを理解させるのは、いつもひどくやっかいです。いまだに、合衆国でのジェンダーと人種をめぐる基本的なジレンマなのです。

スチュアート：わかります。そうした二重の制度を抜きにして男らしさを理解することはできるでしょうか？

ベル：実を言えば、こうして始まった会話でもうひとつ扱おうと思ったのが、その男らしさについてなのです。もっとも手つかずのままだった場所ですから。

スチュアート：じっさいにそのとおりです。またもや、理由はわけなくおわかりと思います。去勢という事態が奴隷制度全体、そして奴隷制以後の社会にとって核となるものであったのです。そのため、男らしさを主張するということが一定の形式を帯びるのです。驚いてしまうのですが、そうしたことをくぐり抜けてきた人びとが、心理的にも心的にもその経験によって形成されているにもかかわらず、十分にその外部に立つことができないのです。ですから、自分たちが家族という空間の内外で同じ筋書きを演じ直してしまうということが理解できないわけです。一貫した傾向として、そうした誘惑が存在してきたのです。

ベル：だから、ゲイの黒人男性の理論家の仕事が非常に重要なのです。世界的に見て、黒人の男らしさや男らしさ一般という視点から見たとき、進んで外側に立とうとしてきたのは、そうした集団の人たちでした。たいがいは、ある位相で、同性愛という事実そのものが、そもそも外側に居続けるということを意味するからです。

スチュアート：そうです。たんに、彼らは同じ闘いを繰り返すことができないのです。すでにその外側にいるわけです。別の方角からやってきて、そこにアプローチするわけですからね。同時に、非常に本質的なことでもあり、また歴史的なことでもありますが、理由を理解することができると思います。とはいえ、これは身体と結びついたことでもある。事実として、ゲイで黒人の理論家らによるそうした作品の多くは、視覚に焦点を当てた作品、映画や絵画であり、イメージを用いたり、身体の黒さに注意を寄せたりするというかたちをとってきました。身体の黒さを形象化しなおす作業はとても重要です。ですから、じっさいのところ、固定され構築されてきたイメージをある部分でのりこえるための唯一の方法だと言えます。そうして到達するのが、感情が複雑な様相を呈している地点と言えますが、それこそ、この二重の書き込みが現実に機能している場所なのです。

ベル：またファノンをめぐる例のカンファレンスに戻ります。ラウル・ペック(8)の映画『海辺の男』における同性愛描写をめぐって、議論がありましたね。「異性愛の精神」というのはモニック・ウィティッグ(9)の言い回しですが、そうした視点からすれば、目の前に提示されていることを理解することに、これほど完全に後ろ向きになれるものなんでしょうね。映画のなかのあの特定の瞬間がきわめて重要な意味を持っていることを観客が考えられないとき、異性愛の精神がはたらいているのだな、とわかるわけです。

スチュアート：釘付けになってしまう場面でしたね。ラウル・ペックのことは人間として大好きです。作品に敬意を抱いています。あの映画は非常に力のこもったものでした。例の場面も非常に印象的です。でも、彼がそのことについて語る段になると、みずから撮影したことが理解できていないかのようです。あなたの言うことに同意しますよ。

ベル：すると考えてしまうんです。黒人の男らしさにとって、家父長制とたもとを分つことが不可能であることの背後に、同性愛に対する圧倒的な恐怖があるのだとしたら、どのようにして介入することができるのだろう、と。主だった介入は、もし多様な性的実践を認めてしまったら、わたしたちは黒人家族というものを否認することになる、という有力な思い込みに対して行われてきました。たいていの人びとが認めたがらないのは、黒人のゲイやレズビアンの大半は、とりわけ三十歳以上になると、伝統的な結婚から逃れて子供をもうけることがある、ということです。黒人の同性愛らしさは家族に背いているという神話があります。黒人の同性愛らしさは、白人の同性愛らしさが構築してきたような規範にのっとって、みずからを構築することはないからです。

スチュアート：さもなくば、そうした白人の同性愛らしさは、みずからをそういうものとして構築しようとしているわけですね。異論はありません。ですが、ある意味でこのことから、男らしさの問い、黒人でゲイであることが男らしさにもたらす挑戦、それに男らしさの規範にとどまらず、家族そのものへと立ち戻る必要があるでしょう。あらゆる事例のなかでも、性的多様性という事実に対立させるかたちで、避けがたいものとして家族をみずから立ち上げる。そのときに念頭にあるのは、きわめて限定的な家族イメージにすぎません。家族というものはある種、性の面で一夫一婦制を求めている、すなわち、ある種の性的アイデンティティに対する処方箋を要請している、そう考えられているからなのです。そうした側面に関すること全部が、家族イメージに負荷となってのしかかる。結果として、二極化が起こります。こちらの側にいるのか、それとも

(8) ラウル・ペック（Raoul Peck, 1953-）ハイチの映画監督。代表作に『ルムンバの叫び』（二〇〇〇年）、『ルワンダ　流血の四月』（二〇〇五年）、『私はあなたのニグロではない』（二〇一六年）など。本文で言及されるのは、*L'Homme sur les quais*（1993）。

(9) モニック・ウィティッグ（Monique Wittig, 1935-2003）フランスの作家で、レズビアン・フェミニズムの先駆け。理論家でもある。一九七〇年代以後、合衆国に移住し、大学で教えた。作品に『子供の領分』（小佐井伸二訳、白水社、一九六六年）、『レスビアンの躰』（中安ちか子訳、講談社、一九八〇年）など。

あちら側なのか。一方で、より大きな文脈では、こうした関係性すべてを、さまざまな領域を横断するように、考えなおし、生きなおし、配置しなおすということが行われている。一夫一婦制の、異性愛の家族のなかでの性をめぐる嫉妬がどれほど根強いものかを見れば、それ自体が問題であるとわかります。家族にとって問題なのです。規範を侵犯する者にとって問題であるのみならず、家族それ自体にとって問題なのです。何事もなかったかのようにふるまうために、あらゆるごまかしを続けつつ、ごまかしを必要とするのはとてもよくあることです。共に生活する家族のかたちには、そのほかにもいくつもの雛形があるのです。そうしたことを知れば、ずっと広範に人間の生活の隅々にまで、人間の生活のさまざまなステージに応じて、多様な習慣が存在することを受け入れることができるのです。このことには、結婚というものが変わらぬ交渉のつみかさねによるものであるし、性的な次元においてもそうだということが、含まれるわけです。たんに、代わりとなる形態を求めればよいというのではない。支配的な形態の内側にあるのです。支配的な形態そのものに関するわたしたちのイメージこそが、非常に不毛なのですから。それには十分な理由があるのですが、ある程度の差異はあるにせよ、従属的な位置にある黒人文化の内側で反復されてきたのです。そのことが構造全体を支えているわけです。ある意味で、異性愛主義の基盤というものは、その内側と外側の双方に働きかけ、みずからを書き込む作業を行うのです。それこそが本当の意味で深刻な領域であり、ジェンダーとセクシュアリティの問い、そして人種の問いが収斂する場なのです。

ベル：その点こそが要となる問題であって、わたしがポール・ギルロイと物別れに終わったのです。家族という考えそれ自体に内在し、帰属するかたちで、家族というものが必然的に保守的かつ反動的な場にすぎないとは思えないからです。むしろ、わたしたちが家族という概念を拡張することができないからではないでしょうか。家族は自己決定の場であり続けています。たとえば、ハリエット・タブマンがなぜ自分の家で、自分の居間で学校をはじめたのか、なぜこれほど多くの公民権運動が居間や台所ではじまったのかということの理由には、結局のところそうした空間だからこそ、ある程度みずから管理することができたからだ、ということがあります。家庭内の空間および家族に取り組むなかでわたしが抱いた問いというのは、なぜこれほど保守的な家族像がはびこってきたのだろう、というものでした。ちょうどわたしの祖父母についての一編を書き終えたばかりなのですが、ふたりは七十年ほども結婚生活を送ってきました。自分が成長する際に、同じ家に住んでいたこうした老年の黒人カップルについて何も知らなかったのですが、どうしてそうしたことが可能だったのか、についても書きました。ひとが成長し、誰かと結婚し、七十年間も同じ部屋で一緒に眠るなんて考えも及ばなかったのです。ふたりはそれぞれ別々の部屋に住んでいて、別個の人格を持った人間でした。わたしはつねづね「対立する世界観」と呼んでいるのですが、誰も本当には正視したくないのです。人びとが本当のところ認めたくないのは、人種統合や、ブルジョワ規範に同化せんとする欲望によって、かつては多様なものとして考えられていた家族が根底から変わってしまったという事実なのです。南部の人種隔離政策のなかで成長したわたしたちの多くにとっては、わたし自身の南部の小さな共同体でのことですが、明らかにそれとわかるゲイの黒人男性たちが、子供を養子にもらい、子供らは男たちと暮らしていました。でも、彼らは、自分たちと血のつながった家族や親のもとへ日常的に行き来していたのです。問題は、階級にともなう権力とケアなのです。南部の小さな共同体出身のほかの黒人とも言葉を交わしてきましたが、共同体や家族というものが、同じく「あいだ」に存在し、「あいだ」をつなぐ構造を持っていたのです。異性愛主義的な規範に注意を向けたり、価値を置いたりすることなく、ひたむきにその規範を目がけてつきすすむことにより、わたしたちは自分たちの歴史や過去に存在していたみずからの多様性が持つ美しさを否定するわけです。そうしたことはわたしにとって重要ですから、名指して復元しようと試みる。そうして、こう言ってみるわけです。「問題なのは家族ではなく、異性愛主義的な規範なのだ」、と。

スチュアート：おっしゃることは面白いと思います。ジャマイカの文脈ではまったく同様とはいきませんが、ある面で同じです。階級による溝は非常に大きい。もちろん、ふつうの労働者階級、とりわけキングストンの外に住む人びと、大都市の外側に住む人びとにとっては、家族と共同体は非常に緊密に結びついているのです。人びとはずっと幅広い親族関係というものを生きている。現実の家族に帰属するものもあれば、家族間の象徴的なつながりに属するものもある。じっさいのところ、多様な関係性というものが続いているのであって、核家族を規範とするということとは、はるかにかけ離れている。もちろんのことそうした現象は、教育を受けた中産階級に向けて環流するようになる。ですから、後者にとって、社会移動という考えそのものは、復元されて閉じられた、例の家族という領域を目標としているわけです。

ベル：合衆国中をめぐりながら、「百万人の行進」を批判するにあたって、もっとも困難だったことがあります。この行進が階級と階級特有の価値観に関するものであると、人びとが考えようとするか否かということです。家族を復興させようとするものではない、と思うわけですね。じっさいには、家族の生活に関する特定の見方を復興させるものだったのです。驚いてしまったのは、人びとが頑なに階級を見ようとしないことです。合衆国での事情を目の当たりにしていると、あなたは英国での事情も目の当たりにしていると思いますが、財産を持たない家族の非常に多くが、子供は大きくなったら親と離れて暮らすものだということを考えさえしないのです。じっさいに多くの研究が示していることなのですが、人種にかかわらず、とりわけ金銭にそれほど余裕がない人びとに当てはまることがあります。すなわち、母親と父親は六十歳になったら自分の家を所有するものだという考えは完全に誤ったものであって、まったく過去のものになってしまっているのです。いまでは、さまざまな時期に子供たちが実家に戻ってくるという現象があるため、個として閉じた核家族という考えは、その種の動向が示す現実によって完全に崩壊しています。たとえばわたしの親戚で薬物中毒を患っている人がいますが、中毒になると子供を手放さざるを得なくなるのです。すると今度は、子供たちが祖父母やおば、おじによって引き取られることになる。それから、ある時点で中毒状態をふたたび脱すると、別の変化がもたらされる。

家族というものはそもそも柔軟なものであり、家父長制を軸にした基盤がなくても、みずからを支えることができる。このことは、わたしにとって大きな謎です。家父長制という文脈の外にある共同体や家族に復元する力が備わっていることを、誰も見たくないのです。ほとんど、このことを笑いものにしているかのようですよ、ファラカーンや彼の同調者の振る舞いといったら、まるで家族が――

スチュアート：唯一の規範であって、ほかはあり得ないかのようだ、ということですね。

ベル：そのとおり。家族こそが、危機の瞬間にわたしたちを支えてくれる、と言わんばかりです。あなたとポール・ギルロイのことを考えていたのです。家父長制や黒人にとっての男らしさへの批判をめぐるわたしたちのジレンマとしてあるのは、こういうことです。すなわち、非常に多くの聡明な男性の黒人思想家が、いわゆる黒人家族と呼ばれるものに属していないと思われている。それはなぜなのか、ということです。たとえば、彼らは人種の壁をこえて結婚をしてきた。でも、ある意味で、彼らの家族についての見方は、こちらに聞こえてこないのです。「では、わたしたちはどのようにそうした変化を成し遂げたらいいのだろう」と考えてきたのです。念頭にあったのはファノンのことです。ある時点までは、ひとはファノンに耳を傾けるけれども、議論が男らしさや家族のことを話しているのだな、という地点に至ると……

スチュアート：その地点になると、ファノンの主張のトーンが変化する。さもなくば、ファノンに耳を傾けることをしなくなるのです。自分の場合についてあえて述べるとするなら、重要なのは人種の壁をこえた結婚という事実ではない、と言うでしょうね。ひとりになったとしたところで、自分の家族のなかでそうした規範を繰り返そうとしてもおかしくないでしょうから。ジャマイカの中産階級社会について言えば、白人と黒人の結婚という壁には越えがたいものがあります。一方で、肌の色が人種として機能するシステムが社会に内在化されている、と言えます。人種のあいだということを見れば、ずっと肌の色の濃い男性と、より肌の色の明るい中産階級の女性によって構成されていることが非常に多い。そういう意味で、人種のしるしが書き込まれているわけです。この規範が完全に再生産される。人種だけではない。ほかの物事とも関係している。自分の例で言えば、最初に結婚した時の関係性を中断させたのは、フェミニズムでした。わたしたちはみな、結婚するにあたっては昔からのしきたりに加担するのですが、じっさいに進まなければならない道とは完全に別のものであったりするわけです。結婚してみると、古びた模範は完全に成り立たない。自分たちの感情や生活のなかに家父長制への批判を持ち込むことをやめるか、さもなくば、まったく異なった仕方でともに暮らす方法を見出さねばならない。それが簡単だとか、自分が成し遂げてきたと言いたいのではない。そうしたことを中断するのは、人種をめぐる問いだけではない、ということなのです。ときどき、そうした形でこちらに押しつけられることがあります。ついこないだのことですが、ある人がわたしに、人種の壁をこえた結婚についてのプログラムを企画しているので参加してくれないか、と依頼してきた。ふたたび問題になりつつあるのです。英国における人種の壁をこえた結婚という問題です。ときおり問題になる。断りましたよ。問いの立て方がちゃんとしているように思えなかったからです。わたしが白人女性と結婚していること自体が、未知の空間への導入として完全にふさわしいはずだ、という思い込みがありました。構造を見ようとするならば、それだとわからなくなってしまう。もはやそれではダメなのです。

ベル：合衆国のなかで、進んだ考え方を持った黒人男性で左派の知識人や思想家の多くは、フェミニズム運動に関わるパートナーと恋愛を経て結ばれることということをしてきませんでした。一方で、立ち上がって性差別に対して声を上げる男もいるのです。しかし、そういう人であっても、ジェシー・ジャクソン(10)やその同類と大差ありません。彼らの妻の姿を目にすることはありませんし、その声を聞くこともないのですから。何をしているのかも知られていません。英国の文脈だと何が異なるのか考えようとしていたところです。たとえば、黒人男性の思想家について、パートナーが白人か黒人、褐色、あるいはほかの何なのだろうかとけなしたとしましょう。英国の場合、昔ながらの規範とは異なるかたちで、共通の政治的視座やアクティヴィズム、思想や活動をめぐってある種の仲間としての絆がずっと強力にあります。そうした事態は、合衆国のフェミニズム思想において黒人解放をめぐる新たな思考を打ち立てることができていないということに、深いところで影響を与えているのではないでしょうか。じっさい、コーネル・ウェストが「百万人の行進」を支持したのは、政治の面で計り知れないほどの後退です。彼は進歩的な黒人男性らしさの象徴として非常に重要なのですから。本心を述べて、家父長的で、異性愛主義的な家族像を肯定しているかのようです。非常に苦痛です。

スチュアート：そうですね。アメリカとイギリスのあいだのそうした差異について考えたことはありませんでした。けれど、おそらくあなたの言う通りです。ふたつの社会の差異について、ふたつの社会において人種がどのようなかたちをとるのかという違いについて、話す必要がありません。理由は込み入っていますが、非常に異なると言えます。自分の場合について言えば、あいにく、そのように積極的な選択をしたわけではありません。いわば、選択をしたあとで、否応なくおそってきた。契約がすでになされたあとのことなのです。

(10) ジェシー・ジャクソン（Jesse Jackson, 1941–）バプテスト派の牧師で活動家。キング牧師と共に公民権活動に取り組んだ。

ベル：聞くところによれば、スチュアート、あなたはいつも力を持った、創造性に富んだ女性に魅かれてきたそうですね。

スチュアート：たしかにその通りです。共通の政治的・思想的な視座がつねにありましたからね。ただ指摘しようとしたのは、とりわけフェミニズムは、わたしたちの関係のいわばど真ん中に到来したものなのだ、ということです。本当にあなたの言う通りです。おそらく、英国については当たっていると思います。考えたこともなかった。

ベル：とても気になるのです。早い時期にフェミニズムにかかわっていた黒人女性の思想家たちは、どの程度介入することができなかったのだろう、と。思想家の大多数は、かつてもいまも同性愛の女性だったわけですし、運動内部で重要かつ力を持った思想家たちの置かれた立場は、そういうものだったからです。ある日、顔を上にあげてみて気づいたのです。わたしはいまだに、男性といかなる契約を交わしたこともない、数少ない黒人女性のフェミニズム思想家なのだ、と。いっぽうで、ある種の本質主義には与しないにしても、もし介入の必要性を人びとに説くつもりであれば、黒人のフェミニストとして異性愛をじっさいに実践してみなければならない、とも思います。これこそ、ファノンをめぐるカンファレンスの場で持ち出そうとしていたテーマなのですが、おそらく適切かつうまい具合に提示することができなかったのです。ですが、言おうとしていたことは、黒人男性と黒人女性のあいだで起こりうるフェミニズムの対話の必要性が認識されねばならないが、それは官能的な関係についてではなく、ふたつの主体としてたがいに出会うことについてであるべきだ、ということなのです。

スチュアート：本質的だと思います。ある意味で、より影響力のある会話の場面でそうした次元は足りていません。カンファレンスのような場と関連づけられてきましたが、影響力という点では少し寂しいところがある。あなたが以前に述べたように、男らしさをめぐる問いを提起するのはゲイの黒人男性によってなされる方がずっと容易だとは思いませんか。構造的に、彼らは外部なのです。ですから、その結果、生を別様に見つめることになる。ある意味で、異性愛の男性と異性愛の女性の関係にも当てはまることです。すなわち、異性愛的な基盤の性質自体によって、あのような会話が支えられているのです。それは、非常に強力な雛形を内側に抱えているため、官能的な立場として、その内部にかたくなに居座り続けることがきわめて難しい。同時に、それがどのように機能しているのかを問うたり、検討したりすることもできない。たとえば、ある一定期間を通じて、どのように関係性がうまく収まるのか、時をこえてどのように維持されるのか、といったこともそうです。

ベル：興味深いのは、わたしがポール・ギルロイと出会ったのは、彼の学生がわたしの作品を用いて、人種とフェミニズムの問いに関して、彼の仕事に対する強力な批判を繰り広げていた時期のことなのです。ポールや、たとえばブラジルのパウロ・フレイレのような、ほかの国出身の有色の男性たちとの対話のなかで、この問いは長らく存在していました。こうした男性は、自分たちの仕事がフェミニズムの思考や彼ら自身のフェミニスト的思考、みずから読んできた女性たちの思考によって変容をこうむることに対して寛容ですし、アフリカ系アメリカ人の男性知識人に比べてもそうです。ある程度は、合衆国における黒人知識人の隆盛は、家父長たる父親としての知識人という考えと一致してきました。ですから、ヘンリー・ルイス・ゲイツ・ジュニアやコーネル・ウェスト、その他の男たちを含む指導的な立場の男性が、失われた家父長たる父親を復興させる象徴になるのです。

だから思うのですが、そうした男性がキャリアの初めに性差別に対してかなり鋭い批判を行っていたのに、新たに生まれ変わり、黒人知識人の精神を象徴する存在として公の場でふるまうにしたがい、そうした機会が少なくなるのです。

スチュアート：こうした会話が、階級の壁をこえて英国で行われていたならば、かなり別のものになっていたでしょうね。もし労働者階級の生まれで音楽産業や同様の仕事にたずさわる若い黒人男性に語りかけたなら、何のことを話しているのかまったくわからないでしょうね。そうした空間に身を置く若い男性は、アメリカ流の雛形にひどく影響されていると言わざるを得ない。アメリカ流の雛形は、ここ十年ほどで、ある種、意識的であるにせよ、知識労働に従事しているわけではない若い黒人たちのあいだで、とても影響力をもつようになった。ですから、イギリスの黒人音楽が、家父長的な同性愛嫌悪の思考を力強く肯定することへと退行してきたわけです。そうした文化と密接に結びついているのです。わたしたちは現実には、思想と階級の分断をこえて語りあう。このことに関するかぎり、階級をこえた結婚という問いは、じつに重要な役割を担うかもしれませんね。

ベル：わかります。

スチュアート：ある種の白人女性と関係を持つことで、黒人男性は非常に早い時期にフェミニズムと出会うことになりますし、多くの黒人女性をフェミニズムへと向かわせた批判的意識は、それより後の時期に英国に到来します。ですから、その頃になると、黒人男性は女性たちと関係を持つに当たって、すでにフェミニスムと出会っているわけですから、かつて許されていたような仕方ではうまくいかない。それ以後に別の黒人女性たちと形成するかもしれない関係のなかに彼らがもたらすのは、以下のような認識なのです。すなわち、この人たちは知的な女性なのだ、自分自身の立場に強い意識を抱き、自分自身の政治がある、そうした女性なのだ、批判をこえて関係を打ち立てることをのぞむ人間になろうとしているのだ、という認識です。わたしは男たちのことは批判するつもりはありません、という原則に立つのではない。パートナーとなったのだから、あなたに歯向かうことは言うつもりはないですよという考え方には、さらに異議をとなえ、議論し、交渉する余地がある。現にそうしたことが身に降りかかる前に、事態がそうなるだろうと知りつつ、わたしたちはみなすでに関係を育みつつあるわけですから。

ベル：現代アメリカのフェミニズムを歴史的展開に沿って考えてみると、事実、性差別はブラック・ナショナリズムの運動の文脈内部でも問われているのです。それに、フェミニズムの思考に同じような仕方で熱心に関わっている白人女性と黒人男性のあいだの合流地点も存在しません。たとえば、公民権運動における白人女性について書かれたサラ・エヴァンズの(11)『個人的な政治』（一九七九年）のような本を読むと、人種の解放という大義に言葉づかいが従属するあまり、フェミニズムと黒人解放の交点がないがしろにされているのです。ふたつは並行関係にある運動となるのですが、じっさいはたがいに対立するものとして提示されてしまっている。そういうこともあって、わたしのようなより若い世代の黒人女性たちは、同時代のフェミニズム盛んなりし頃に大学に入学したのですが、民族主義の内側で性差別に問いを投げかけるという考えから身を引くようになったのです。じっさいには、システム全体、家族や民族という考えを問題にしていたのですが。自由恋愛の文脈からわたしは出てきましたが、黒人が政治化するプロセスにとって、昔からある文脈ではまったくないわけです。

スチュアート：黒人が政治化するプロセス、黒人の政治文化そのものが、セクシュアリティとジェンダーをめぐるさまざまな関係という下部構造全体によって強力に下支えされているため、検討の対象となってこなかった。こうした事実と大いに関係があるわけですね。

ベル：ぞっとしてしまうのですが、黒人の政治文化において、著名人がもてはやされる傾向にありますね。たとえば、多くの人は忘れてしまっていると思うのですが、アンジェラ・デイヴィスが表舞台に立つようになったのは、フェミニストとしてではありませんでした。じっさい、多くの人の注目を集めるようになったのは、ものを考える黒人男性との関わりにおいて、彼女が従属的な立場にいたからです。ジョージ・ジャクソン(12)との関わりで言えば、労働者階級の反乱の象徴でした。男らしさがすべてなのです。潜在的に強力な異性愛主義の黒人男性らしさに従事する、黒人女性の知識人、というわけです。〔ジョージ・ジャクソンの〕『この血走った眼差し』に人びとが立ち戻ることがなくて残念です。一読してみれば、革命のヴィジョンにおいて、女性嫌悪と異性愛主義がいかに深刻なのか思い知るでしょうから。アンジェラ・デイヴィスのような人の変節

（11）サラ・エヴァンズ（Sarah M. Evans, 1943-）ミネソタ大学で歴史学と女性学を教える。ここで言及されるのは、*Personal Politics: The Roots of Women's Liberation in the Civil Rights Movement & the New Left* (1979)。日本語訳に『アメリカの女性の歴史——自由のために生まれて』（竹俣初美／小檜山ルイ／矢口祐人訳、明石書店、一九九七年）がある。

を時代ごとに克明に記録しているのです。知られても良いと思うのですが、彼女がフェミニズムを説くようになったのは、ずっと後に政治的な変容を遂げてからのことなのです。

スチュアート：その通りです。だからこそ、初期についての批判や振り返りが可能となるわけですよね。こうした変容がなければ、彼女自身なしえなかったことでしょうから。

ベル：フェミニストとしての思考の変容という観点で、際立った経歴を持つ人物といえば、オードリー・ロード[13]です。オードリー・ロードが政治化するプロセスは、人種、性、階級を意識的に合わせて考えることから始まりました。

スチュアート：ええ、はっきりと際立っていますね。

ベル：詩人としては、作品が政治的だという評価は与えられてきませんでした。

スチュアート：彼女が記録する経験については引用されますが、そうして記録された経験に内在する思考については言及されることはありません。異なった美的形式で表現されるとき、いかにして知が歪められるか、という事例です。

ベル：ドキュメンタリー映画『生存のための連禱』のなかで描かれているように、彼女が政治化したのは、文学をめぐる闘争と、南部での投票権をめぐる闘争を介してなのです。レズビアンとしてみずから政治化するにあたり、そうした闘争もまた不可分であったのです。

スチュアート：これらすべてを順番にではなく同時に考えることができるという点で、きわめて

(12) ジョージ・ジャクソン（George Jackson, 1941-1971）イリノイ州シカゴ生まれ。二十歳のとき、ガソリンスタンドで七十ドルを強奪した罪で終身刑となる。サンフランシスコ州立サン・クエンティン刑務所内でマルクス主義を学び、社会主義と黒人解放運動を結びつけるに当たって重要な著作を残す。刑務所内に収容されている人びとの人権のために戦った。一九七一年にニューヨーク州アッティカ刑務所で起こった、合衆国史上最大の刑務所反乱にインスピレーションを与えたとも言われる。アート・アンサンブル・オヴ・シカゴやボブ・ディランなどが、ジャクソンに捧げる作品を残している。主著に、アンジェラ・デイヴィスとの往復書簡などを収めた『ソルダッド・ブラザー』（鈴木主税訳、草思社、一九七二年）など。

(13) オードリー・ロード（Audre Lorde, 1934-1992）詩人、理論家。ニューヨーク市生まれ。父はバルバドス、母はグレナダの生まれ。カリブ海地域にルーツを持つ。ニューヨーク市立大学、メキシコ国立大学、コロンビア大学などで学ぶ。後年はドイツを拠点とし、ベルリン自由大学で教える。作品に、レズビアンである自己の半生を描いた自伝 *Zami: A New Spelling of My Name*（1982）、代表的なエッセイを収めた *Sister Outsider: Essays and Speeches*（1984）などがある。第三波フェミニズム、インターセクショナリティ概念の形成に多大な影響を与える。

特異な声を持っている人物です。

ベル：とてつもないジレンマです。ロレイン・ハンズベリー(14)は、パブリック・インテレクチュアルの模範として、わたしにとってもうひとり核となる人物です。ですが、アフリカやエチオピアへの政治参加は忘れられてしまっています。皮肉なことに、レズビアンの象徴としてますます名が知られるようになるにつれ、非常に多くの多彩な前線でいかに進歩的であったかということに、ますます注意が払われなくなる。この点で、彼女に魅力を感じるのです。彼女は早い時期に愛と抑圧に関して問いを提起し、黒人家庭において愛は本当に存在しえるのか、と問いかけました。ハンズベリーは、「ステレオタイプを内面化してしまっている黒人には、温かみを感じないのです。まぎれもない悲劇であり、傷そのものなのですから」と言うことのできた最初の人です。彼女の思考のこうした側面は、いまだにきちんと記憶されてはいない。こうしたことが、どれほど以下の事実と関係があるのだろう、と疑問に思うことがあります。すなわち、わたしたちの歴史を記録する者たちの主流派が、家父長制をもとにした異性愛的な精神にとどまり続けているため、そうした精神にとって、ずっと先を見越した思想をつむぎ出していた女性たちが存在したことを無視するのは、ひどく都合のいいことだった。かなり多くの現代の黒人男性の思想家が、ある物事を読者や聴衆に向かって語りかけるときに、あたかも自分たちが――

スチュアート：自分たちが、そのことを考えついたのだとでも言わんばかり、ですね。

ベル：それに、ほんとうのところはハンズベリーのような女性が、こうした考えにずいぶん昔から取り組んできたのです。エイミー・ガーヴィー(15)の思考や仕事は注目されていないうちのひとりですが、じっさい、マーカス・ガーヴィーがジェンダーのことをもっと真剣に考えるよう、後押ししていたのです。

(14) ロレイン・ハンズベリー（Lorraine Hansberry, 1930-1965）イリノイ州シカゴ生まれ。活動家で劇作家。ウィスコンシン・マディソン大学在学中にアメリカ共産党に参加。のちに、ニューヨークのニュースクールにて学ぶ。五十年代初期には、ハーレムを拠点にW・E・B・デュボイスやポール・ロブスンらとともに反人種差別活動を行う。五九年の作品『太陽の下のレーズン』がブロードウェイでヒット。六一年にはシドニー・ポワチエ主演で映画化。レズビアンでもあった。ケニアでの反植民地闘争であるマウマウ戦争やエジプトでのフェミニズムの隆盛に強い関心を抱いていた。ニーナ・シモンの曲 "To Be Young, Gifted, and Black" はハンズベリーの自伝から取られている。

(15) エイミー・アシュウッド・ガーヴィー（Amy Ashwood Garvey, 1897-1969）のことと思われる。ジャマイカ、キングストン生まれ。活動家。一九一四年に、マーカス・ガーヴィーと共に「万国黒人地位改善協会及びアフリカ共同体連盟」（UNIA）を設立。一九年にガーヴィーと結婚、二二年に離婚。その後、独自の活動を繰り広げる。ロンドン、ニューヨーク、ジャマイカ、ナイジェリアなどで、アフリカ解放、女性解放のための組織及びネットワーク形成に尽力する。

スチュアート：ほんとうにそうです。わざと見ないようにしているわけではない。むしろ、複雑に進行する思想や政治の布置に対して、洞察ができていないということなのです。女性がこうした洞察に至るのは、所与の、どちらかといえば、単純で感情にもとづいた女性特有の根幹にのっとっている、と男は考えがちです。ですから、男性の経歴には非常に深みがあり、多くの断絶や位相、変化があるかのように複雑さに向き合うのに対し、女性の経歴に対してはそのような見方はしない。こうした複雑な歴史を考慮に入れて、女性が政治化するプロセスを記述することがないのです。結果として、多くの女性の仕事にある、内面の葛藤や思考の先見性が失われてしまいます。それらがどれほど独創的であったか、ちゃんと見ようとしないのです。

ベル：みずから記録しておこうとしてきたことのひとつに、ビート詩人とビート世代に対する、わたし自身の深い関わりがあります。じっさい、『わたしは女ではないの？』を書いていた十八歳か十九歳のときに影響を受けたのは、自分の出身である、人種的に隔離された南部の経験やその世界だけではないのです。性の解放、自由恋愛、ビート詩人、それに彼らの仏教との関わりやその他のことに夢中でした。つい最近ですよ、こうした運動について記録することの重要性について考え始めたのは。理由としては、本質主義的な枠組みが、黒人の思想的展開にくりかえし再確認されるからというだけではありません。学生との関わりで、とりわけ偏狭なブラック・ナショナリズムの復活にあたって主に懸念していることのひとつが、アフリカ中心主義的な基盤に由来するのではないものは、読んだり学んだりする必要はまったくないという感覚です。黒人の思想と生活に議論を移すにあたり、適正な論点ですね。アフリカ中心主義という観点から合衆国で起こっているのと同様の強度で、こうした現象は英国でも起こっているのでしょうか？

スチュアート：同じ強度で起こっているわけではありませんが、一貫した流れとしてはあります。前に述べたように、知識階級からなる集団の外にある流れとして明確です。しかし、想像可能と思いますが、知識階級の集団にも一定の影響を与えています。とはいえ、黒人の知識人が単純にアフリカ中心的で、本質主義的な枠組みをあてはめることをしないときでも、黒人知識人は黒人にかかわる事柄によって形成されているにちがいない、黒人をめぐる問いのみを表明するものだ、といった思い込みが一般的な文化として存在します。度を越した切り詰めが続いているのです。わたしはつねに、こうした流れに対して特定の戦略的なアプローチをとってきました。つねに原因としてあったのは、とりわけ英国のような場所で、長いあいだ帝国を介したつながりがあるにもかかわらず、黒人が非常に多く存在するようになったのは比較的最近のことである、という事実です。英国全体の傾向として、非常に制限が多く、不自然きわまりない。利害関係のある集団のために、その集団が真剣に関心を持ちうることのみを分節化し、あたかもそうした問いが残りの社会全体にはさほど関係がないかのように、つねに発言をすることになるわけです。黒人であることをめぐって起きている出来事は、この人たちにはまったく影響がない、となる。わたししたちにだけ、わたしたちの権利や存在にだけ、悪影響をもたらす、というわけです。わたしは知識人として、そうした構えは誤謬であると考えてきました。つねづね言ってきたように、わたしたちにとってと同様、それ以外の人びとにも本質的である、そう考えさせる問いを投げかけてきたつもりです。

ベル：現代の偏狭な国民主義の持つ皮肉とも言えます。一方で、人種隔離政策という背景のもとで成長し、その背景のもとに教育を受けると、わたしたちがフランス語を話せるかどうか、ドイツ語を学ぶことができるかどうか、誰も疑うことがない。その程度はできて当然だ、という思い込みがあるからなのです。世の教育環境を見渡すと、全般的状況として、教育を受ければ世の中について深く考える人になるのだ、と思われています。皮肉なことに、この教育こそが、人種隔離を背景として行われているため、まわりには黒人だけ、ということになる。知識人なるものは、世の中に使わされた者である、という感覚なのです。とても肩身の狭い思いでしたが、学校で人種統合が進むと、突如として人びとはわたしのことを人種との関連においてしか見なくなるのです。そんな狭い仕方で自分を見ることに慣れませんでした。全員が黒人の学校で、講堂で起立し、わたしがワーズワースの詩を読み上げると、座っている生徒全員がワーズワースに重要な関わりがあるに違いない、という思い込みが生まれる。こうしたことが、ずっと重いジレンマでした。

スチュアート：本質主義的な政治にありがちな、深刻な縛りですね。

ベル：アメリカでは、両方の陣営で見出せる縛りなのです。白人の側の人が述べるのは、「仲間に入れてやるけど、お前が——」

スチュアート：「自分のお仲間の声を語り続けるかぎりはな」というやつですね。

ベル：黒人の側になると、こんどは——

スチュアート：「自分たちの仲間の言葉をしゃべるならば、正統な存在になれるぞ」というわけですね。ふたつはたがいに乗り入れていて、非常に強固に作動する。

ベル：わかりきっているのは、黒人知識人の思考とその展開が阻害されてしまうのです。ポール・ギルロイの『ブラック・アトランティック』[16]の功績は、リチャード・ライトやジェームズ・ウェルドン・ジョンソン、W・E・B・デュボイスのような個々の人間が、世界中を移動し、積極的にディアスポラとして対話を生み出していたことを、人びとに思い起こさせてくれたことにありますね。

スチュアート：あの本の最も重要な論点です。ほかの世界との横のつながりを可能にしてくれる。本質主義的な政治や視座によってこれらの人物に押し付けられた制限を、取っ払ってくれるわけです。わたしにとってみれば、ディアスポラ状態が意味するのはそうしたことなのです。つまり、地理的、空間的、思想的に隔離された境界を越えてつねに言葉を紡ぎ出している人間が必要だということです。でなければ、黒人の知識人階級は形成されることがなかったでしょう。黒人の政治的な視座が、物差したるべき人間に光を当てることによって歪められてはならない。空間に、より広範な視座がもたらされる必要がある。こうした思想の境界には、人種という観点が継続して書き込まれていますし、蜂のようにその敷居を飛び回り、自分の好きな場所に止まればいい、というものではないのです。

ベル：ですから、わたしにもできることがまだあると思うのです。愛情のこもっていない黒人らしさという背景を出自としていないわけですから。あの隔離された黒人の世界からスタンフォードに入学した際、じっさいに紛れもない黒人らしさを出自としていたのです。人種と存在をめぐる思想的な仕事という観点で、フェミニスト思想家としての自分の政治的なプロジェクトの核であるとみなしてきたのは、黒人らしさを愛することができる態度であり、同時に、ほかのさまざまなことにも広い関心を持つという姿勢なのです。

スチュアート：そのような取り合わせに、政治的な意味を見出す必要があるわけです。わたしたちの前に立ちはだかるのは、そうした問題なのです。だから、思考をさらに前進させることができるのです。こうした視野にふさわしい政治を見出すことはつねに困難であり続けました。政治というものによって、みずからの陣営を捨て去り、世の中の声となり、ほかの誰かの課題を刻み込むよう促されることは、非常によくあることです。あるいは、みずからの陣営の内側から語り、結果として、そこに閉じ込められることもある。だから、政治の領域よりも、思想、芸術、美学の領域の方がもっと先を見ている。政治の領域は、思想によって理解し、語ることのできる物事から、もはや立ち遅れているようです。やはり『ブラック・アトランティック』は、歴史的な運動全体に属する主要な人物たちと関連づけながら、このことについて鮮烈かつ深みのある形で、一貫した証明をしている点で非常に重要です。

ベル：この本に問題があるとすれば、そうした関係を未来のための進歩的な政治の枠組みで考えることができていないことです。まさにいま、あなたが述べたことです。芸術の領域でできるこ

（16）ジェームズ・ウェルドン・ジョンソン（James Weldon Johnson, 1871-1938）作家、詩人、政治家。全国有色人種向上協会（ＮＡＡＣＰ）の指導者を務め、南部におけるリンチをはじめとする黒人への暴力を告発するために尽力する。セオドア・ルーズベルト政権のもと、ヴェネズエラやニカラグアの大使を務める。作家としての代表作に *The Autobiography of Ex-Colored Man*（1912）など。

となのです。音楽や創作の領域でも可能です。ですが、この広がりのある政治が将来的にどのような形、姿をしているかを思い描く段になると、途端に困難になるのです。

スチュアート：本当に困難です。確かにこの本はその点で成功していません。ただ、本というものが、こうしたことを何もないところからつかみ出すことができるのか、じっさいにつかみ出すなんてことがあるのか、考える必要はあるでしょうね。本の終わりにかけて、音楽についての書き方をみると、こうした試みの一端を垣間見ることができます。この点についての隠喩と言えます。すなわち、「同じものを変える／変わってゆく同じもの」という概念が、ブラック・ポピュラー・カルチャーの美学的な領域に応用されているのです。これがあの本の特異なところで、思想的な立ち位置に適した政治を素描する際によく用いられる、手堅い手つきとは異なるのです。わたしたちには隠喩以外にないのです。この問いに立ち返ろうと思います。というのも、ディアスポラという形式が、政治的・思想的な仕事の双方に関連するものとして言祝がれるにしたがい、わたしは本質主義者とはいくぶん距離を置きつつも、黒人としての立ち位置の中から語るという利害関係を保つことにいそしんでいる、とみなされることがあるのです。これにはふたつ理由があります。ひとつは、あなたがすでに指摘したものです。つまり、ひとはつねに特定の空間や諸空間、ある場所、特定の言語のなかから発話する。みずから、語ることを可能にしてくれた言語に対して、積極的に愛をそそぎ、敬意をしめし、尊ぶわけです。だからこそ、語ることができるのです。みな、どこかしらを出自としているのです。たんにこの世に存在しているのではない。れっきとした出自があって、世界に向けて語りかけているのです。ですから、そうしたことに敬意を抱く必要があるわけです。

ふたつめの理由は、とても重要です。現状では、広い視座にもとづいた適切な政治を生み出すことができていません。そのため、一般の黒人大衆が自分たちの生活を日々維持するために、どれほど本質主義的な政治に依拠せざるを得ないかを認識する必要があるのです。より包容力にみちた、開放的な仕方で人びとを擁護しうることはあるにせよ、こんなんじゃダメだと諭したり、まだこんなことをやっているのか、と好き勝手に述べたりすることはできないのです。「これが自分だ。ここが自分の立っている場所だ。この場所に帰りたい。世界に対する砦なのだから。そうでなければ、溺れてしまう」ということしか口にできずとも、それが精一杯みずからを守る言葉である場合、わたしたちは無駄に言葉を費やしてはならないのです。ですが、こうしたことも、ノマド的かつポストモダン式に浮遊し、あちらからこちらへと移動し、好きなように借用することができる戯れに過ぎないかのように思われています。そのような開放的な姿をしたディアスポラ像は、完全に無責任と言えます。

ベル：ひとを具体的な経験へと連れもどしてくれるような理論を試みてきました。わたしたちは、より良い生を生きるために、個々の生においてじっさいに用いられている具体的な戦略をすすんで共有しようとしないならば、本質主義的な政治に介入することはできません。この点は、ながらくプライバシーとリベラルな個人という考え方めぐる大きなジレンマでした。そのような本質主義的な政治を活気づけているのは、ある種の集合体と共同体を是とする思考です。自由主義的で個人主義的な生活様式というものが盛んになるにつれて、わたしたちの多くは、じっさい、戦略を共有する必要がなくなりました。共同体主義を背景にして、生活や仕事をしているわけではないからです。すなわち、一方で、わたしたち自身、非常に影響力のある啓蒙主義的な指導者像を前提としています。人びととは別個の存在としての指導者というイメージです。いつも驚いてしまうのですが、ファラカーンは、みずから率いている支持層から遊離した生活を送っているにもかかわらず、批判や問いがぶつけられることはありません。ですから、黒人大衆の世界に向かって語ると同時に、自分こそが世界市民でありディアスポラ状態にある個人だという感覚を存続させるにあたって、どのような生存戦略を用いているのかは、共有するに値しないのです。後者のファラカーンは衆目にさらさない方がいいからです。

スチュアート：ふたつの側面は慎重に分離されつつ、同時に維持されているわけですね。

ベル：『たえがたいほどの怒り』（一九九五年[17]）の最終章で述べようとしていたことなのですが、自分の愛する共同体のことを想起した際、男性理論家の仕事に大いに関心を寄せていました。この人たちは、人種差別はけっして止むことがない、ぜったいに逃れることはできないのだと論じていました。じっさい、わたしたちの大半が送る生の営みには、多彩なつながりや絆が満ちています。わたしが出会ったなかでも、自分たちの人種差別を捨て去った白人がじっさいにいますし、そうした事実について書き記しました。ひとは、本質主義的に人種差別に手を染めることはないと思います。こうした視点から、進歩的な政治を打ち立てることはできないでしょうか。

スチュアート：息子のジェスが作っていた映画のことを、以前に話しましたね。ブリクストンで、若いブリクストンの人びとについての映画を作っていたのです。ブリクストンは、ロンドンでも古くからある黒人コミュニティの集住地域だというイメージがありますが、もちろん、じっさいにはずっと多様です。非常に急速に変化しています。だから、ブリクストン在住の若者や人びとの多様性に焦点を当てた映画を作っているのです。すてきな仲間たちがいて、ある黒人の少年と白人の少年など、とても仲のいい友人同士だったりします。その白人の少年は、白人労働者階級の出身で、典型的なロンドンっ子、年齢は十七歳くらい。住まいのそばに荒廃した土地があり、自分の父親と一緒に釣堀を作ったのです。車に詳しく、小さなミニを運転していましたが、文字どおりバラバラになってしまった。黒人の少年はと言えば、ドレッドヘアをしており、ＤＪのあ

（17）*Killing Rage: Ending Racism*（Henry Holt, 1995）のこと。

れこれに詳しく、一人前になるために修行中。この少年たちが出会い、同じ家で住んでいたのですが、もちろん、たがいに話したことはなく、ある意味で敵対していました。黒人の少年がある日、下の階に降りてくると、黒人の少年グループが、例の少年のことをひどく殴っていたのです。理由ははっきりとはわからなかったものの、中に入って止めました。「やめろったら。ぼくの友だちだ」、と言ったのです。じっさいは違っていました。彼が黒人だったので、ほかの少年たちは渋々と出ていきました。それ以後、ふたりは腹心の友となったのです。何もかも一緒にするわけではない。別々の生活を送っています。ですが、一緒にいると、ふたりのあいだにかけがえのない絆があることがはっきりわかる。田舎に一緒にドライブに行く。この子は田舎が好きなものですから、南方の海岸めがけて車を運転するのですね。

撮影中、ジェスはふたりにたずねたのです。混血の子供を持つのはどう思う、と。するとふたりとも言うわけです。「そうだね、自分ではそのつもりはないけど。ほかの人種の人間と、そうした絆を作れるかどうかわからないし。でももちろん、そうなったら自分の子供だし、面倒見る。守り抜くよ。」ならんで座るふたりは恋人同士のようです。浜辺に腰かけながら、海に向かって小石を投げる。とてもステキな場面です。必要な時は手をたずさえて生きてきた。白人の少年が言います。「こいつがいなかったら、違う場所に住んでたよ。殺されそうになったんだもの。すべて彼のおかげ。命の恩人さ。」混血の子供が生まれるかもしれないからほかの人種の人たちとある種の関係を持つことができないという考え方は、ふたりの頭のどこかから湧いてきたのですが、ブリクストンで送っているじっさいの生活とはまったく何の関係もない。同じクラブに通う。同じ音楽を聴く。たがいの裏庭を行き来する。同じ公団住宅の階段の下で、一緒にたむろする。ですから、英国でいわゆる本質主義的な政治や本質主義的な枠組みとして語られるものの多くは、確実に社会の現実を見ていないわけです。じっさいは、それよりずっと複雑なのですから。それでも、こうした現実のために語る必要がある。「お前は中産階級じゃないか。こうしたことを経験していないはずだ。最前線を生きているわけじゃない」、そう口にする人もいるでしょうから。最前線が素敵だなんて言いたいわけじゃない。人種差別が存在しないわけでもない。正確にどれほどあるのかはわかっているつもりです。でも、現状について一面的ではない話をする必要がある。ロンドンに住む白人の子供や黒人の子供だからといって、そうしたことを知っているわけではありませんから。

ベル：まさにジレンマですよね。本質主義が勢いを増している理由もそこにあります。じっさいの経験は、束縛に満ちているばかりでもない。わたしの育った人種的に隔離された世界でもそうです。公営住宅が不足しているため、黒人しか住んでいなかった地域にも、もはや白人家族がたくさん引っ越してきています。ですから、黒人らしさという概念そのものは、けっしてそのままではない。わたしたちに馴染みのある黒人らしさは、関わるな、巻き込まれるな、という道徳律にもとづいていました。隔離された貧しい黒人のなかで生活していれば、白人の隣人は存在しない。人びとはまさしく、こうした新しい経験の意味を分節化することができないのです。こうした多様性と変化を背景にして、黒人らしさはどう変わっていくのでしょう？

スチュアート：多様性という文脈のなかで、黒人らしさとはどう変化するのかについての考え方が、わたしたちの手元にはないかのようですし、黒人らしさか多様性かといったことのあいだで、二極化が起こっているようです。このふたつは共存し得ない、とでも言いたげです。ところで、ヘンリー・ルイス・ゲイツ・ジュニアの『有色の人びと』は自身の子供時代について書いた本ですが、どう思いました？

ベル：日記に彼の本についての書評を一行だけ記しています。「まったく、この人物は、本一冊書いても、自分の人生のことをまったく何も語ってやしない」というものです。書き方はおもしろい本だと思いますよ。わたしも自伝を二冊出版しようとしていたものですから、回想録や自伝が、人種とジェンダーをめぐる言説の内側で、その言説に帰属しながら、どれほど重要な言論となってきたのかについては、心して取り組んでいるつもりです。ですが、自分の過去について書き記すことで、スキップ〔ヘンリー・ルイス・ゲイツ・ジュニア〕のような人物はこう言いたいかのようです。「ハーバードの教員として、ほとんどが白人のこの学術界で渡り合ってきた。でも、これがわたしのルーツ、黒人らしさについての証言だ」と。ですが、興味深いのは、そうした証言には批判が寄せられることがないのですね。特定の筋にそってこしらえられているため、非常に固定的な黒人らしさという概念にお墨付きを与えるのです。自身の経験が、固定的な黒人らしさという概念にはまったくとどまらないものであって、むしろ多様性と変化を背景としつつ、積極的に社会に関わる黒人らしさを実践していたとしても、そうなのです。

スチュアート：ということは、彼がそうした世界の外に出るにあたっての移動の道筋について語っていない、ということでしょうか。あるいは、移動の後で、自身の身に起こったことについて語っていないということですか？

ベル：自身の世界のなかでの移動についても語っていないのでは、と感じたのです。人種的に隔離された、非常に強固なキリスト教の家庭でわたしがワーズワースやエリザベス・バレット・ブラウニング(18)を読んでいた時には、黒人らしさという固定した概念を越えた想像の世界が存在していました。そうした生育環境から移動する前の出来事です。そうした想像力を自分のものだと述

---

(18)　エリザベス・バレット・ブラウニング（Elizabeth Barret Browning, 1806-1861）イギリス、ダラム生まれ。ロマン派の詩人。親戚がジャマイカに住んでおり、プランテーションから利益を得ていた。のちに詩人のロバート・ブラウニングと結婚、イタリアに移住。作品に『オーロラ・リー』（桂文子訳、晃洋書房、一九九九年）など。

べるのは、きわめて時代遅れのものとなってしまった感覚があります。正統な黒人らしさを主張するには、みずからを感動させたそのほかの力については口を噤まなければならない。思想家として、芸術家として成長する際、子供時代のわたしにもっとも影響を与えたのは、エミリー・ディキンスンでした。ですが、長らくディキンスンには言及しませんでした。正しい黒人らしさに合わせて自分を書き変える作業には、そんな場所はありませんでしたから。スキップの物語に欠けているのは、自身が他者というものをどのように想像し、それがどの程度、個人的なものを越えるのかについて語り、書くという意志にほかなりません。もちろん、エミリー・ディキンスンその人を知っているというわけではありません。ですが、みずからの作品にすべてを捧げる作家という姿勢こそ、彼女が象徴するものなのです。わたしが思想家として、作家として成長するにあたり、決定的に重要でした。

スチュアート：彼にも同様のことがあったはずですよね。

ベル：そうした空白があのテクストにあるのです。すると、他者との出会いは、すべて個人の物語に回収されてしまう。すると、願望や希求をはぐくむ想像力とは相容れなくなる。わたしにとって、成長過程で身につけた偏狭な黒人らしさや白人らしさといったものから解き放ってくれたのは、ここではないどこかを想像することでした。ある意味で、偏狭なナショナリズムと原理主義にもっとも顕著なのは、想像力に対する暴力や脅迫であるということです。わたしたちの想像力にこそ、抵抗する力が宿るのですから。

スチュアート：きわめて気詰まりで、ひどく一面的になってしまいますよね。戯れや想像力への促しが欠けてしまう。可能性としての他者がつねにあってしかるべきです。実在の場所である必要はない。おとずれることのできる場所が心の中にあるだけでいい。そうした次元がテクストに欠けているとおっしゃるのは正しいと思います。彼がこの時点でそうした一歩を踏み出すのは予想外でしたから、なおさらです。

ベル：この問題は、なぜとりわけ黒人女性が、黒人解放運動で強力な先見性に満ちた指導者として頭角をあらわすことが一度もなかったかという問いに、連れ戻してくれます。アンジェラ・デイヴィスを強力な偶像として言及することもできますが、じっさいに指導者として考えられてはこなかった。それと大いに関係があるのは、意識的であるか否かにかかわらず、黒人女性の思想家や指導者がみずから主体化し政治化するにあたって、フェミニズムが重要な役割を果たしてきたという事実です。とはいえ、こうしたことは黒人らしさをめぐる領域では拒絶されてしまいます。ですから、スキップのような人たちが声であり、権威であり、神のような父となることができる。人種の壁をこえた付き合いがあり、ハーバードのような場所に収まっていたとしても変わりません。別の仕方で黒人らしさにお墨付きを与えることができますからね。彼の本は、この歴史的な契機において、そうしたこと、すなわち黒人らしさへの権利を主張することに関する物語なのです。人びとが少女時代のわたし自身の話を読んで思うのは、わたしがどれほど黒人らしさや黒人としてのアイデンティティといった概念を越えた声に影響を受けているか、ということです。その声というのはワーズワースやジェラルド・マンリー・ホプキンズ[19]のもつ力そのものですし、こうした詩人の作品がわたしの日常を満たしてくれたのです。そして、彼らが現実に対して想像をめぐらせる力こそ、こんな生を生きたい、こんな方向を目指したい、という感覚を与えてくれました。そうして積み重なった得体の知れないものが、わたしに黒人らしさというお墨付きを与えることになるわけです。民族の裏切り者としての黒人女性、ほぼ生まれつき、民族の裏切り者である黒人女性は、こうして全容をあらわにする。ですが、こうした姿からあらかじめ除外されているのは、多くの位相で、様々な壁をものともせずに移動することのできる黒人女性、指導者にふさわしいある種の立ち位置を、それにもかかわらず保っている黒人女性といった理想像です。アイデンティティと黒人らしさについてのもっとも豊かな思考は、じっさいには黒人女性の思想家とゲイの黒人批評家のものであることが多いですが、ほとんど顧みられることはありません。ですから結局のところ、黒人男性の指導者の方が好まれるのです。自分たちに馴染みのある黒人らしさにお墨付きを与えてくれる、保守的な黒人男性の指導者です。豊穣で広がりがあり、先見性のある思想家の仕事を受け入れるよりはマシ、というわけです。

新刊一覧

セクシュアリティの性売買

キャスリン・バリー 著
井上太一 訳

搾取と暴力にまみれた性売買の実態を国際規模の調査で明らかにし、その背後にあるメカニズムを父権的権力の問題として理論的に抉り出した、ラディカル・フェミニズムの名著。

¥５５００

人種の母胎

性と植民地問題からみるフランスにおけるナシオンの系譜

エルザ・ドルラン 著
ファヨル入江容子 訳

性的差異の概念化が、いかにして植民地における人種化の理論的な鋳型となり、支配を継続させる根本原理へと変貌をしたのか、その歴史を鋭く抉り出す。

¥５５００

戦後期渡米芸能人のメディア史

ナンシー梅木とその時代

大場吾郎 著

日本とアメリカにおいて音楽､映画、舞台､テレビなど活躍し、日本人女優で初のアカデミー受賞者となったナンシー梅木の知られざる生涯を初めて丹念に描き出す労作。

¥５２８０

翻訳とパラテクスト

ユングマン、アイスネル、クンデラ

阿部賢一 著

文化資本が異なる言語間の翻訳をめぐる葛藤とは? ボヘミアにおける文芸翻訳の様相を翻訳研究の観点から明らかにする。

¥４９５０

マリア＝テレジア 上・下

「国母」の素顔

B・シュトルベルク＝リリンガー著 山下泰生／伊藤惟／根本峻瑠訳

「ハプスブルクの女帝」として、フェミニズム研究の範疇からも除外されていたマリア＝テレジア、その知られざる実像を解き明かす、第一人者による圧巻の評伝。

各¥８２５０

戦後期渡米芸能人のメディア史

ナンシー梅木とその時代

大場吾郎 著

日本とアメリカにおいて音楽､映画、舞台､テレビなど活躍し、日本人女優で初のアカデミー受賞者となったナンシー梅木の知られざる生涯を初めて丹念に描き出す労作。

¥５２８０

読書装置と知のメディア史

近代の書物をめぐる実践

新藤雄介 著

書物をめぐる様々な行為と、これまで周縁化されてきた読書装置との関係を分析し、書物と人々の歴史に新たな視座を与える力作。

¥４９５０

ゾンビの美学

植民地主義・ジェンダー・ポストヒューマン

福田安佐子 著

ゾンビの歴史を通覧し、おもに植民地主義、ジェンダー、ポストヒューマニズムの視点から重要作に映るものを仔細に分析する力作。

¥４９５０

新刊一覧

イスラーム・デジタル人文学

須永恵美子 編著
熊倉和歌子 編著

デジタル化により、新たな局面を迎えるイスラーム社会。イスラーム研究をデジタル人文学で捉え直す、気鋭研究者らによる最新の成果。

¥3520

ディスレクシア

マーガレット・J・スノウリング 著
関あゆみ 監訳
屋代通子 訳

ディスレクシア（発達性読み書き障害）に関わる生物学的、認知的、環境的要因とは何か？　ディスレクシアを正しく理解し、改善するための効果的な支援への出発点を示す。

¥2860

シェリング以後の自然哲学

イアン・ハミルトン・グラント 著
浅沼光樹 訳

シェリングを現代哲学の最前線に呼び込み、時に大胆に時に繊細に対決させ、革新的な読解へと導く。カント主義批判により思弁的実在論の始原ともなった重要作。

¥6600

一つの惑星、多数の世界

ドイツ観念論についての試論

ディペシュ・チャクラバルティ 著
篠原雅武 訳

人文科学研究の立場から人新世の議論を牽引する著者が、ラトゥール、ハラウェイ、デ・カストロなどとの対話的関係のなかで示す、新たな思想の結晶。

¥2970

近代日本の身体統制

宝塚歌劇・東宝レヴュー・ヌード

垣沼絢子 著

戦前から戦後にかけて西洋近代社会、民主主義国家の象徴とみなされた宝塚・東宝レヴューを概観し、西洋近代化する日本社会の身体感覚の変貌に迫る。

¥4950

福澤諭吉

幻の国・日本の創生

池田浩士 著

福澤諭吉の思想と実践――それは、社会と人間をどこへ導いたか？　福澤諭吉のじかの言葉に向き合うことで、その思想と実践をあらたに問い直し、功罪を問う。

¥5060

反ユダヤ主義と「過去の克服」

戦後ドイツ国民はユダヤ人とどう向き合ったのか

高橋秀寿 著

反ユダヤ主義とホロコーストの歴史的変遷を辿りながら、戦後、ドイツ人が「ユダヤ人」の存在を通してどのように「国民」を形成したのかを叙述する画期作。

¥4950

宇宙の途上で出会う

量子物理学からみる物質と意味のもつれ

カレン・バラッド 著
水田博子／南菜緒子／南晃 訳

哲学、科学論にとどまらず社会理論にも重要な示唆をもたらす21世紀の思想にその名を刻むニュー・マテリアリズムの金字塔的大著。

¥9900

今回のイチオシ本

思想としてのミュージアム

増補新装版

博物館や美術館は、社会に対してメッセージを発信し、同時に社会から読み解かれる、動的なメディアである。日本における新しいミュゼオロジーの展開を告げた画期作。旧版から十年、植民地主義の批判にさらされる現代のミュージアムについて、論じる新章を追加。

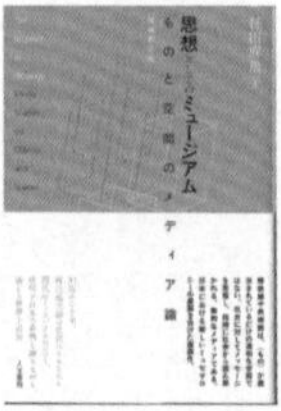

村田麻里子著
¥４１８０

復刊 呪われたナターシャ

現代ロシアにおける呪術の民族誌

三代にわたる「呪い」に苦しむナターシャというひとりの女性の語りを出発点とし、呪術など信じていなかった人びと—研究者をふくむ—が呪術を信じるようになるプロセス、およびそれに関わる社会的背景を描いた話題作、待望の復刊！

藤原潤子 著
¥３３００

超越論的存在論

ドイツ観念論についての試論

存在者へとアクセスする存在論的条件の探究。「世界は存在しない」「複数の意味の場」など、その後に展開されるテーマをはらみ、ハイデガーの仔細な読解も目を引く、哲学者マルクス・ガブリエルの本格的出発点。

マルクス・ガブリエル著
中島新／中村徳仁訳
¥４９５０

はじまりのテレビ

戦後マスメディアの創造と知

１９５０～６０年代、放送草創期のテレビは無限の可能性に満ちた映像表現の実験場だった。番組、産業、制度、放送学などあらゆる側面から、初期テレビが生んだ創造と知を、膨大な資料をもとに検証する。気鋭のメディア研究者が挑んだ意欲的大作。

松山秀明 著
¥５５００

(19) ジェラルド・マンリー・ホプキンズ (Gerald Manley Hopkins, 1844-1889) イギリスの詩人。カトリックの聖職者でもある。代表作に『ドイチュランド号の遭難』など。それまでの詩は、一行ごとに決まった位置に押韻があり、脚韻が中心であった。ホプキンズの発明した「スプラング・リズム」は、詩行ごとに複数の押韻があり、頭韻を全面に押し出した。そのことにより、モダニズム詩や自由詩への橋渡しをしたとされる。

三　戯れ、死、病

ベル：話そうと思っていたことが、もうひとつあります。フーコーは、悦楽を経験することが難しいと述べていたのですが、その感覚に親近感を覚えます。黒人知識人とはどういったものかについてのわたしたちの議論と結びつけて述べてみると、多くの黒人大衆のみならず、一般大衆が知識人に対して抱いてきた不信の念の根底には、知識人は悦楽とは無縁であり、ケツの穴が小さく生真面目一辺倒なため、遊びがない人間だという感覚があるのではないかと思うのです。

スチュアート：黒人知識人のイメージがそういったものなら、不信の念を抱くのも無理ないですね。

ベル：念頭にあったのは、W・E・B・デュボイスと、C・L・R・ジェームズですが……

スチュアート：C・L・R・ジェームズには遊びがありますよ。

ベル：ですからまさに、あなたに何を語ろうかと考え、語りかけたいという切迫した思いを抱えていた時、考えていたのです。すなわち、とりわけアカデミアというものがある種の言説を持ち上げて価値を付与することで、ある人間がどういう人かについての一定の側面が、その言説を通じて分節化される。そうしたことに、わたしたちは囚われているのではないでしょうか。わたしが学術界の内側と外側の両方で懸命に書こうとしてきたのは、ひとの存在について異なった次元を摑むことができるようになるためでした。C・L・R・ジェームズのような人物の著作には、そうした次元がいまいち見てとれないのです。

スチュアート：わかります。わたしの著作にも、そうした次元が現れることはない場合があります。ですが、昔のものよりも現在書いているものの方が、見てとれます。自分が変わったということではなく、書くことに対するわたしの関係性が変化したのです。ですから、ある時点で書くこと、すなわち、思想的な作法にもとづいて真剣に書くことは、これまでも行ってきたわけですが、思考や会話において優先される快楽を、散文から除外したり削除したりすることが求められます。多くの人にとって、わたしが書くよりも、たいがい話している方が理解しやすいようです。話したり講義をしたり、といった方がより気楽な関係を作れるのです。会話の場合は、自分の遊び心に満ちた側面が全面に出てくるために、より好ましいわけです。意識してというわけではありません。振り返って、テープを聞いてみるとわかります。ほぼ文の構造に表れています。一文を話し始めて、文字通り、その文章を文法的に完結させることはありません。息つぎがあって、それから、口語的で、遊び心に満ち、皮肉をきかせつつ、誇張をし、溢れんばかりの仕方で思考を提示するのです。初めに採用した、慎重で学術的な言葉への向き合い方とは異なる。とはいえ、ほとんどの場合、編集で除外されてしまう要素です。また、書く段階になると、わたしはとても早い。唯一、非常に早く書くことのできる方法といえば、ほとんど自分に向かって無言で講義をするということになる。聴衆に向かって語るかのように自分に向かって講義をして、それを書き留める。あとでそれに手を加える必要があったとしても、ある種の自発性がともなう。書くことへの向き合い方ではなく、遊び心に満ちた要素についての話です。というのも、自戒を込めて言うと、みんなユーモアのセンスがない。自分に対するアイロニックな視座がないと、たんにとてつもなく退屈になってしまう。その仲間入りはしたくないのです。

ベル：わたしにとって、制度的な学問のこうした側面は非常に苦手でした。ユーモアと遊びの場がない。黒人の男らしさについて話したことを振り返ってみると、どれほど遊びに価値を置くかということが、家父長制の権威という概念に対して批判的に介入するためには、必須であると言えます。

スチュアート：そうなんです。みずからに対するアイロニックな視座が欠けているからこそ、家父長的な政治の継続を許してしまうのです。

ベル：映画をめぐるカンファレンスに立ち戻ると、いかにして人びとがあなたのことを家父長的な偶像に押し込めようとしていたか、考えてしまいます。わたしが、あなたの仕事を評価し、スチュアート・ホールの功績に敬意を払いたいと述べた際、完全に誤解されたはずです。念頭にあったのは、家父長的な枠組みにふたたび従属させるような評価の仕方ではありません。たいていの場合、黒人男性に当てはまるのですが、あなたの思考が持つ力に対して敬意を払うこともできず、そうした世界を思い描くこともできないという事実に驚いてしまいます。このことは、ポール・ギルロイの家族批判を想起させます。あなたのことを家父長的なパラダイムのなかで父親として書き直すことをせずには、そうした批判ができないようなのです。

スチュアート：あのカンファレンスについてはその通りです。わたしにはとても奇妙な経験でした。わたしたち全員、イギリス人全員にとってもです。面白いことに、娘のベッキーが一緒にいました。普段は一緒にカンファレンスに参加したりしないのですが、同じ時期にたまたまニューヨークにいたのです。完全に驚いていましたよ。わたしの思想や生活という特定の姿とはまったく違う感想を抱いたようです。部分的には、ユーモアの欠如、遊び心のなさに起因するのでしょうね。肯定と恭順のあいだを揺れ動くばかりで、なぜかその中間は聞こえてこない。人を持ち上げたりしないような、独自の敬意があって然るべきなのに。奇妙な経験でしたよ。

ベル：興味深い機会でした。一方で、黒人らしさの具象化が起こっていて、他方であの場には、固有の話し言葉に対する根深い軽視がありました。特に、固有の話し言葉に内在的に備わっている、ある種の機知やユーモアを軽くみる傾向があります。

スチュアート：完全に回避され、除外されていましたね。結局のところ固有の話し言葉がすべてなのですが、あの場にはまったくなかったですね。

ベル：わたしは民族主義に対してとても恐れを抱いてしまうのですが、そこには中断や改変、変容を試みる遊びの精神を一掃してしまおうとする欲望がまさにあるからなのです。ここのところ手がけてきた新しい仕事のなかで心を込めて語ろうとしていたのは、黒人ブルジョワ文化が解放を規定する目印の核になってしまうと、黒人解放の大義にとってかなり脅威である、ということです。固有の話し言葉を貶めることになりますし、固有の話し言葉の喪失です。スキップの自伝で記憶に残っているのは、ユーモアがまったくないということです。驚くほど、書き言葉それ自体が堅苦しい。人間としてのスキップにはそうした堅苦しさはないのに。じっさいには、スキップとわたしのような人間の橋渡しをしてくれるのは、彼のユーモアなのですから。

スチュアート：彼が書いているのはそうした世界のことですし、それが自分といかなる関係にあるか、なのですね。おそらく、書き言葉から見えるのも彼ですし、話す様子から見えてくるのも彼なのです。

ベル：黒人らしさを中産階級のパラダイムへと記入する作業は、わたしにとって、つねに書き言葉が固有の話し言葉から出てくるものでなければならない。だからこそ、ラングストン・ヒューズ[20]やゾラ・ニール・ハーストン[21]のような人びとは、きちんとした汚れなき黒人らしさという概念を形作ることに専念してきたほかの作家集団と対置されるわけです。またしても、ファラカーンに立ち戻ることになります。それに、コーネル・ウェストの用いる修辞は、ある程度、小綺麗にまとまった、汚れのない姿を信条としています。すると、遊びや快感原則のための余地がないわけです。後者には、汚れなき黒人らしさというのではないものが必要とされるわけですから。

スチュアート：遊びについて語ると、あらゆる類の物事に話が及ぶことになります。話題となっていたのは、わたしたちはそもそも、みずからとセルフイメージを危険に晒すことができるのか、ということでしたね。とはいえ、これは面目を保つ装置である場合が多い。つまり、もしわたしが自分のことを卑下してみせるなら、人からそれほど貶められることはないでしょう。でも、じっさいにはそうはいかない。ほかの全員にも、門戸を開くことになる。安全で型にはまり、しっかりと支えられた家父長的な立ち位置を無傷に保つことが目的なら、あまり適切な武器ではない。自分に矛先が向くわけですからね。

遊びにはほかの要素もあります。遊びの要素に対話的なものがあるのは、それが他者と関係するものだからです。すると、会話に関する問いに立ち戻ることになります。会話は、大部分が遊びで成り立っている。快楽と結びついているのは、形態が官能的だからということもあります。たんに性的な次元が会話にあるというだけではない。その通りなのですが、そういうことを言いたいわけじゃない。素敵な会話には、焦らしたり、気をもたせたり、撥ねつけたりといった側面がある、ということです。こうした運動が全部なされても、完成も完結もすることがない。さまざまな音階に変化しながら演じられる。会話における喜びは、そうした未完の運動に対する喜びが求められる。わたしが好きなのはそれなんです。部局会議などで混ぜっ返すのが得意なのです

(20)　ラングストン・ヒューズ（Langston Hughes, 1901-1967）ミズーリ州ジョプリン出身。詩人、作家、活動家。ゲイだったと言われる。ハーレムルネサンス期の黒人文学の代表的存在。一九三〇年代にはソ連に滞在する。アメリカ共産党の雑誌にも詩を多数発表する。作品に、『友愛・自由・夢屑・霊歌（ラングストン・ヒューズ英日選詩集）』（水崎野里子訳、コールサック社、二〇二一年）など。
(21)　ゾラ・ニール・ハーストン（Zora Neale Hearston, 1891-1960）アラバマ州生まれ。作家、人類学者。コロンビア大学でフランツ・ボアズのもと、人類学を学ぶ。南部黒人コミュニティやハイチ、ジャマイカに関する人類学的著作を発表。小説の代表作に『彼らの目は神を見ていた』（松本昇訳、新宿書房、一九九五年）など。

が、じっさい人の見ている前で焦らしたり気をもたせたりして、壁や敷居についての感覚を鈍らせるわけです。ほかの誰かと机を挟んで人前で戯れてごらんなさい。会話の枠組みが変化しますから。そんなに秩序立って、当初の目論見通り決められた仕方では立ち行かないのです。たったいま、別の枠組みが台無しになるのを認めてしまったわけですから。それ見たことか、と途中でわれわれに帰るのですからね。こうした要素は結局、人前での交わり、社会での交わり、個人的な交わりでさえあるのです。相互作用というのは……

ベル：映画についてのわたしの新刊『リールからリアルへ――映画における人種、性、階級』[22]のなかで、アイザック・ジュリアン[23]の作品で大好きな『付き添い人』について、長い一章を書きました。わたしがつねづね人びとに語っているのは、アメリカの黒人男性の知識人や学者がこのようなプロジェクトに関わっている姿を想像できない、ということなのです。『付き添い人』のなかであなたの姿を見かけて非常に驚いたのですが、男らしさという領域をめぐるそうした遊びは、合衆国の黒人男性らしさという観点からは、ある意味で許容されないものなのです。

スチュアート：面白いのは、『付き添い人』にはまだ遊びが足りないと考えていたのです。アイザックの映画には一回以上出演したことがありますが、ジミー・サリヴァンという人物がきまって登場するのですね。天井から美しい羽根を吊るした天使です。わたしも羽根をつけて出たいと思っていました。もちろん、わたし以外の『付き添い人』のほかの人物はみな、綺麗な格好をしていましたよ。わたしは青いスーツ姿でしたがね。要点はもちろんそこじゃないのですが、あの役を演じることができて嬉しかった。合衆国とこの国の違いには、何かがありますね。この国における黒人らしさを成しているものに、喜びがないとは言えない。ふたつのちがいは、それほど甚だしいわけでもない。より関係するのは、英国全体が帝国と関わりがあり、何百年ものあいだ奴隷制と関わりがあったこと、そしてある意味で、合衆国よりもその関わりは長期間に及ぶ、そうした一連の事実です。それが違いと言うこともできるわけですし、国として理不尽なことばかりだというわけではない。合衆国では、自分の奴隷主でありえたはずの人間の隣に住居を定めることになる。ここではもちろん、白人は私たちの奴隷主だったわけですが、奴隷制から現在までの道のりが非常に長期間にわたり、ある意味で相互に連関しているため、黒人たちが英国人と出会いなおすときには、この人たちについてかなりのことを知っているわけです。親密なる敵なのです。同じような意味で、親密さがあるわけではない。家族でもない。一方で、合衆国の黒人と

(22) *Reel to Real: Race, Class and Sex at the Movies* (Routledge, 1996) のこと。
(23) アイザック・ジュリアン (Isaac Julien, 1960–) イギリス、イースト・ロンドンに生まれる。映像作家、映画監督。カリフォルニア大学サンタ・クルーズ校教授。両親はセント・ルシアからの移民で、カリブ海地域にルーツがある。作品に、*Looking for Langston* (1989), *The Attendant* (1992), *Frantz Fanon: Black Skin, White Mask* (1996) など。

白人について知られているのは、彼らがある種の家族であって、家族の一員だということです。日常の、目の前を過ぎてゆく生活のレベルで、親密さがある。ですから、関係に傷跡がのこってしまうと、その関係への応答の型を決めてしまうのですが、結局それも、関係が作られたプロセスを基点とせざるを得ない。英国での関係の作られ方とは異なるのです。黒人と植民地帝国のあいだの出会いなおしなのですから。

ベル：ですから、遊びの要素のある男性像を構築するのは非常に困難になるのです。ただちに心に浮かぶのは、マルコムXと彼のイカついイメージです。わたしたちにとっての輝かしい黒人の王子様は、確実に、遊び心に満ちた王子様ではないのです。

スチュアート：その通りです。

ベル：遊び心に満ちた男らしさという例の概念を文化の面から解明し、ほとんど信用ならない男らしさとして理解するには、どうしたらいいのでしょう。家父長制ではあり得ない、すなわち権威を鏡写しにしたものではない、と言えますか？

スチュアート：問題は、もはやそうした用心深さが、人種差別そのものによって確固とした根拠を得てしまっているということです。

ベル：もちろんです。ここのところ考えているのですが、人びとがポール・ギルロイの新しい仕事を歓迎してないようなのですね。彼が示そうとしているのは、黒人男性の身体をめぐる性別を越えた実践や表象が、どれほど固定的かつ執拗であり、原動力としての位置にあるかということです。客体化のプロセスは、ラディカルな黒人主体性のための将来を考えると危険ですし、じっさいのところ、境界侵犯の所作とは相入れないのですから。

スチュアート：だからこそ、わたしたちは映画産業のことを考え続けるのです。なかには、彫像を物神として崇拝するかのような所作から抜け出るひともいますが。

ベル：ハイレ・ゲリマ(24)の映画『サンコファ』で信仰治療をおこなう黒人男性のようなイメージは、これまでになかったものですね。映画自体はそれほど好きではないのです。人種の解放をになう

(24) ハイレ・ゲリマ（Haile Gerima, 1946–）エチオピア生まれの映画監督。米国のハワード大学で教える。日本での上映作品に、『三千年の収穫』（一九七六年）、『テザ　慟哭の大地』（二〇〇八年）がある。本書で言及されるのは、*Sankofa*（1993）。

家父長的な存在というステレオタイプに満ちているからです。ですが、ムタバルカ[25]の演じていた人物には、それとは異なる男性像というニュアンスがありました。その点で、観ていて心地よかったのですが、ラスタファリ主義がどの程度、別様の男らしさとしてのかたちをとるのかということは、合衆国では検討されることはありません。ラスタの人たちは性差別と結びつけられる傾向があるため、遊び心に満ちた側面はふさわしい注目を浴びてはいないからです。

スチュアート：そう、わかりますよ。間違いなく、検討し尽くされてはいません。初期には、確かにもっと遊びに満ちていました。強烈でこれまでにないイメージでしたね。もちろん、女王に言及するにあたって、家父長的な要素は書き込まれていましたが。ですが、男らしさが書き込まれるあり方という観点から見ると、あまりに単純すぎる。男らしさはいかなるかたちでも問題となっていない。とはいえ、男らしさという鎧ないし家父長的な男らしさ、すなわち家父長的な文化によって活気づけられたり、支持されたり、ということもないのです。

ベル：その通りですね。あの物語のなかでは、仕事、すなわち、ある種の疎外された労働に対する深みのある批判がなされている点で、家父長的な男らしさを中断させる潜在的な力があるのです。ラスタの人たちに関するイメージが現代の家父長的な文脈のなかで果たす役割とは、異なるわけです。

スチュアート：そうですね、有利な立場を競って獲得し征服したり、外の世界を支配し表象したりすることを原動力としていないために、むしろなすがままでしかない、というところに心地よさがある。もうひとつの黒人男性らしさを部分的に配置し直し、きわめて深いところで書き直しているのです。

ベル：それに、悦楽が中心にある。唐突かもしれませんが、『彼らの眼は神を見ていた』におけるティーケイクのイメージが浮かびます。視覚的なイメージとして思い描いてみると、この人物にはラスタの要素があります。堅苦しい身体ではなく、じっさいには、細身で菜食を心がける身体、じっくりと物事に向き合う身体です。たとえば、「この湖のそばにこうしているだけで満足だ、何時間も湖面の動きを見つめているだけでいい」と語るわけです。ボブ・マーリーのコンサートの映像が思い浮かびます。喜びの感覚、幸せな感覚に満ちた喜びの横溢です。唐突ですが、ヒップホップやその生硬さと比較してみることもできます。後者に一貫しているのは、非常に生硬で、拳闘のような男らしさの感覚です。

スチュアート：マーリーには官能性がありますね、ある種の喜びとも言えます。

(25) ムタバルカ（Mutabarka, 1952-）本名アラン・ホープ。ジャマイカのダブ詩人。

ベル：「明かりを消して、窓のカーテンを開けてごらん」[26]という一節です。

スチュアート：同時に、背も高くないし、体つきも貧弱です。小さくて軽い。彼には非常に顕著な身体的なイメージがつきまとっていて、そうした特定のかたちを帯びた偶像であり声なのです。ラップにおいて再構成されてきたものとは非常に異なる。

ベル：わたしたちの語っている内容に、さらに先進的な政治的ヴィジョンをもたらすには、喜びの重要性を記入する必要があります。であればこそ、困難な事態と渡り合うことができるのです。フェミニズムのなかでも重要なことです。フェミニズムは、あらゆるユーモアの可能性や、深刻な影響をともなう物事を扱うにあたり、ユーモアや遊びに満ちた向き合い方を除外してきました。そのため、運動として非常に息苦しい状態にあると言えます。そうした遊びの場がなければ、運動からは活力がうしなわれ、偶発性をもたらす可能性がなくなってしまう。以前から考えていたのは、偶発性という概念についてです。わたしたちは歴史的に、ある政治的な伝統のなかで活動してきたのですが、そこでは自分たちの解放のパラダイムというものが、つねに偶発的で変化に満ちたものであってもいい、とは言われてこなかった。この政治的伝統のなかでよく言われてきたのは、自分たちには揺るぎなきものがあるのだということです。でも、わたしからすれば、家父長制を軸とした家族規範を前提とするからこそ出てくる発想だった。みなが依拠しうるのは、自由に関して変化にとぼしい見方なのです。「家族はつねに変化するもので、同じではあり得ない」と言えるような、偶発的な思考ではないのです。ですから、いかなる集団へのレッテル貼りも、どれがもっとも実体をともなっていて、もっとも強力なのかは断定できないのです。ですが、じっさいには、集団を一括りにすることよりも、家族のなかでの行動や活動についてもっと語らなければならない。集団として括ると言っても、ディアスポラ状態の黒人のことを考えるならば、徹底して変化のただなかにあるわけですし、女性や子供でいっぱいの難民キャンプがある世界中の地域を見渡せばわかることです。家父長的な規範が構造上あり得ない場所で、その規範を解放のレトリックとして提示するなんて、馬鹿げていて意味のあることだとは思えません。

スチュアート：ある種の遊び心のお陰で、連続しているという感覚がもたらされるのです。偶発的なもの、閉じ込めたままにはできないもの、予見できないもの、そして、わたしたちを突き動かしつづけるものを認めることになるわけですから。これらはすでに現在の状況下で手元にあるものなのです。完成され、明白かつ肯定的な声ではないかもしれない。皮肉なのは、すでに否定的なものが存在していて、すぐそこでかたちをなそうとしている。とはいえ、しばらくのあいだ、

(26) 「明かりを消して、窓のカーテンを開けてごらん」ボブ・マーリー&ザ・ウェイラーズ、一九七七年発表のアルバム『エクソダス』所収の"Turn Your Down Lights Low"の最初の二行の歌詞から。

ひとはそのなかで活動せざるをえない。そうしたことはきわめて重要なのです。本質主義的で家父長制を是とする政治形態のあまりに多くが、快楽、アイロニー、戯れといった次元をないがしろにしているため、独自の仕方での排除をくりかえし行っていることが見えなくなっている。でも、じっさいにそうした排除をくりかえしている。わたしたちが関わってきた運動は、内部にいない人間はだれなのかと見極め、気づいていながら排除されてきた人たちに寄り添うことを信条としてきました。今度は、その外部が一定の仕方で固定した主体をゆるがせ、かき乱しに戻ってくる。かつては政治と関わっていた主体です。そうした出来事が、フェミニズムにおいて人種と関連して深いところで起こった。人種こそ、言説の外側にあったのです。そうして外部が回帰すると、その過程でさらに揺さぶられる人が出てくる。すると、みずからへの問いかけが始まるのです。変化をこばむ本質主義的な政治の大部分は、そうした側面をことごとく排除することに依拠しているわけです。

ベル：セクシュアリティの言説は、フェミニズムの内部で触れてはならない言説になっています。戯れや快楽という空間においては、抑圧者と被抑圧者のような歯切れの良い範疇に、すべてをおしこめることはできないからです。欲望、あるいは、快楽への希求が、どのようにじっさいに因習的な権力のヒエラルキーを中断させ、別の何かへと変容させうるのか、そうしたことを語るすべを人びとは知りません。その別の何かについて語る言葉を手にすべきか否かというのは、非常に難しい問いです。その言葉によって、わたしたちが否定したい戯れや快楽への権力を手にすることにもなるのですから。

スチュアート：わたしたちは政治というものを手にしているわけではない。これは以前に述べたのと同じ論点です。ですが、また一段と強烈に回帰する。そのようなイメージ、そうした不確かさを含み込んだ政治を手にしてはいないのです。政治的にそれがどういうことを意味するのかについて、考えることができないわけですから。わたしたちのイメージする政治というものは、結束し、バリケードをつくり、抑圧者を見定めて、彼ないし彼女を引っ捕らえる。あるいは、反対側にいる人間が誰であれ、わたしたちから完全に引き剝がし、その人間を取り除き、その人間からわたしたちを引き離す。そうした作業が根底にあるわけです。このように相互にバリケードを押し付けるようなものとして政治をイメージするとき、全部を壊してしまいたい、結局は、いわば政治なんかいらない、というジレンマに置かれることになります。

ベル：まさに合衆国で、あらゆるラディカルな政治に関連して起こってきたことです。いずれにしても快楽の側に立つなら、あらゆる政治的な忠誠に対立することになるという感覚がありますが、非常に恐ろしいことです。エレイン・ブラウン(27)の『権力の味』という本のタイトルを初めて耳にしたとき、官能的なものについての含みが印象的でしたが、そこで置き換わっているものにも注目したのです。もっとも、自由な精神を志向するのではなく、権力への意志であり、権力に性や官能の要素を付与しているのです。ナチズムにふさわしいですし、ファシズムが根を下ろすところならどこでも当てはまります。戯れ、偶発性、快楽といった概念をあらかじめ排除しているのは、そのような意味で権力に官能性を付与するプロセスなのです。

スチュアート：ある種、確固たる存在とそりが合うわけですね。じっさい、確固たる存在への欲望があるからこそ、確かなものに官能性を付与することになる。

ベル：昨年、ずいぶんと死について考えました。トニ・ケイド・バンバラの死によって、立ち止まり、ためらいを覚えることになりました。あまりに多くの黒人女性の作家がこの何年かで命を落としました。しかも、非常に若くして、四十代後半か五十代はじめでのことです。わたしたち自身の生き方について、相当に考えざるをえませんでした。C・L・R・ジェームズがコンスタンス・ウェッブ(28)に宛てた手紙を読みながら、わたしたちの文化における死の位置付けについて考えていたところでした。現実味を持つ死によって、この歴史的な瞬間にわたしの人生が大きく変わってしまったという感覚が強くあります。こうしたことは、十年から十五年前には口にすることがなかったでしょう。

スチュアート：うなずいてしまいますよね。でも、同時にいくつもの別々の物事が関係しています。すこし、病気のことについて話しましょうか。エイズは非常に特別な現象です。別の病と言ってもいい。社会のあらゆる状況と直接に関わりのある病気であり、気づかないうちにやってくる。そして、文化のなかの快楽や欲望と、緊密に結びついている。ですから、どうしようもないのです。わたしの口にしようとしている残りのものがなかったとしても、たえず死を身近に感じながら生きるという感覚がある。わたしが二十代や三十代だった時の生き方とは別のものと言えます。若者がそうした感覚を抱くのは、命を落とした人のことを知っているからなのでしょう。ですが、少なくともわたしの場合、年齢の問題もあります。中年のころは、死なないものだと

(27) エレイン・ブラウン(Elaine Brown, 1943-) ペンシルバニア州フィラデルフィア生まれ。活動家。一九六八年カリフォルニア州オークランドにて、ブラック・パンサー党設立集会に参加。党首のヒューイ・ニュートンがキューバに身を寄せている間の七四年から七七年の間、女性として初めて党の指導者を務める。七七年の離党後、黒人のための刑務所改善運動などに取り組む。本書で言及されるのは、回想録 *A Taste of Power* (Pantheon, 1993) のこと。

(28) コンスタンス・ウェッブ(Constance Webb, 1918-2005) カリフォルニア州フレスノ生まれ。俳優、活動家。十五歳の時にトロツキスト政党のソーシャリスト・パーティーに参加。C・L・R・ジェームズと一九四六年に結婚。ジェームズが冷戦期の赤狩り最盛期に合衆国を追放されるにあたり、結婚は解消。六九年に作家リチャード・ライトの伝記を出版。本書で言及されるのは *Special Delivery: The Letters of C.L.R. James to Constance Webb, 1939-1948* (Blackwell, 1995)。

思っていました。自分が特別だと思っていたわけではありません。たんに想像できなかった。死について考えられなかったとはいっても、現在を満喫しているというわけでもない。死についてあまり考えなかったという方が正しい。それほど恐れてもいなかったのです。

ベル：子供のころの状況というのは、黒人が病気になると病院に行けなかったのですね。病院は黒人を受け入れなかったのです。唯一の黒人向けの病院は、小さくてぼろかったので、死にそうになっても、そこに行かせてはくれませんでした。ベッドがたくさんあるだけで、病人のためのものだったのですから。死を迎える作業というのは、家で行うことだったのです。子供時代のわたしにとって、死は身の回りに満ちていましたし、身近な存在でした。とはいえ、通常は死と言えば老人のものでした。いまだに確かなものとして、日常生活に存在しています。

スチュアート：わたしが若かったころは、たくさんの人たちが同時代に死を迎えることになりました。お気に入りのおばのことは以前に述べましたが、彼女とはたくさんの時間を一緒に過ごし、わたしの面倒をみてくれました。比較的若くして亡くなったのですが、わたしは家族のなかで最年少だったので、その死がとても大きなものに感じられました。それからの時期は、身近な人たちが相次いで亡くなるというようなことはなかった。死によって心を動かされるということはあまりなかったのですね。でも、両親が病気をして、結果的に亡くなってしまった。両親の死は、わたしにとって、とても重要です。ふたりとあまり上手くいっていなかったからです。ますます、そりがあわなくなりました。故郷を出たのも、上手くいかなかったからです。戻ることになったとしたら、ジャマイカという小さな場所では両親から逃れることはできなかったでしょう。それに、同じ場所に暮らすなどできなかった。大人になってからの人生のほとんどは、彼らとの関係に折り合いをつけることに費やしてきたのですが、自分にはある種の幻想があって、両親が亡くなれば、この問題は解決されるだろうと思い込んでいたのです。ですが、結局のところ、早い時期に故郷を出てみたはいいものの、彼らが死んだところで何も変わらなかった。そのことに気づけなかったのです。すでに内面化してしまった問題があまりに大きいため、すなわち、この人たちと非常にながいあいだ、心のなかで対話して生きてきたため、文字通り、肉体の死が訪れたところで、大した違いにはならなかったのです。

最近のことです。かなり最近に経験したことで、わたしの世代の人たちのことです。よく知っている人たちが、突如として、ある地点に足を踏み入れることになる。すなわち、生きているあいだにずっと知っていたのに亡くなる、ということが始まる。こうしたことは、ある意味で予期していました。まずは、一緒に住んでいるキャサリンの母のことを考えてみましょう。もう九十歳になるのですが、交友関係が広く、古い世代の人ならではと言ってもいいのですが、昔からの友人にとてもよく気がきく。つねに、昔からの友人に手紙を書くような人なのです。二十年も会っていない人たちにも。年に一度か二度、書くわけです。そのように手紙をしたためる習慣があるものですから、とても広範囲に知り合いがいる。バプテストの牧師と結婚したため、教会を通じて、非常に多くの人びとと知り合うようになりました。そのうちかなりの人たちと連絡をとり続けているのですが、わたしたちと一緒に暮らして十五年から十七年のあいだ、実質的に毎月死に直面するわけです。すると、この世界全体が消滅してゆくことになる。明かりが消えるようにして暗闇が増す。とても強烈にそうしたことを経験していたのです。突如として気付かされたのは、関心や活動、仕事や交友関係を通じて、ひと世代分と網の目のように繋がっていたとしたなら、そうしたことは、この人生で取り返しのつかないような喪失なのです。亡くなってしまうと、もう連絡を取ることはできない。ある意味、他人が死ぬことでみずから死を予期するようになるのでしょう。

ベル：この会話のはじめに、トニ・ケイド・バンバラの記憶に触れました。わたしにとって、彼女はエセックス・ヘンフィル(29)やマーロン・リッグズ(30)のような人とともに、欲望と生についての思考の最前線にいた人です。よく考えていたのは、存在の美学や個々の人生のことです。この人たちは、自分が書いたり考えたりすることを反映させて、人生をつくり出すことに身を捧げてきました。こうした個々の人間の喪失をとても深いところで考えてしまいます。ほかの人たちについては名前を挙げることはしませんが、その生き様はわたしにとって刺激となってきたのです。

スチュアート：そうしたことはごく最近、ここ五年ほど、わたしにも起こるようになってきました。興味深いことに、わたし自身が病に冒されたのも同時期のことです。若い世代の人びとによくあるのですが、四十代になると、とても深刻な病に冒され、なかには亡くなる人もいます。死ぬのでないとしても、命を脅かすような病に襲われるため、死ぬまでその病と付きあわなければならなくなる。ほかの人たちと共に生きるあり方の新たな次元として、そうしたことに気づくだけでも、ひどく衝撃的と言ってもいい現実感があるものなのです。

ベル：エイズの功績のひとつは、公の言説として、死ぬことをめぐる社会のタブーを壊したことです。わたしたちは、よりずっと、病や死について考えるようになりました。エイズはセクシュアリティや欲望に近い位置にあるため、人びとは以前より率直に病について語るようになりました。あるとき、あまりに多くの黒人女性が全身性エリテマトーデス〔膠原病の一種〕を患っている

(29) エセックス・ヘンフィル（Essex Hemphill, 1957–1995）イリノイ州シカゴ生まれ。オープンゲイの詩人で活動家。アフリカン・アメリカンのゲイ・コミュニティ形成のために多大な功績を残した。著作に、*Ceremonies: Poetry and Prose*（Cleis Press, 2000）など。

(30) マーロン・リッグズ（Marlon Riggs, 1957–1994）テキサス州生まれ。ブラック・ゲイ・フィルムの映画監督として先駆的存在。ハーバード大学卒業後、カリフォルニア大学バークレー校で修士号取得。レイシズムとホモフォビアに対して批判的な作品や著述を残す。代表作に、*Tongues Untied*（一九八九年）など。

ことに思い至りました。ニューヨーク市を走るバスの広告で見たのですが、何千もの人びとが毎月、全身性エリテマトーデスで命を落としている。エイズやほかの病が原因で命を落とす人の数と比べて、とてつもない数です。四年前まで、全身性エリテマトーデスなんて言葉は聞いたこともありませんでした。こうした新たな気づきがあることも手伝って、また、病や死を議論することをめぐって社会的なタブーが存在しないためでしょうか、自分の癌は自分のこととしてしまっておくべきだという考えは、もはやあり得ないわけです。同僚や友人、同志や知り合いが、数年前だったら話題にもならなかったような深刻な病気にかかっていることを、いまや敏感に察知しているのですから。

スチュアート：その通りです。タブーではないですね。人びとは、長らく死について語ることがタブーだと思ってきた。しかし、だからといって、どうしようもない。ここ五年か十年でタブーでなくなってしまった。何がそうさせたのかは、あなたが指摘してきた通りです。病と死が結びついてしまったのです。死をめぐる全過程の始まりです。すなわち、死ななかったとしても、病気のおかげでみずからが死に至る段階に突入してしまった、と想起させられるということです。かつてならば、死をめぐる言説には、最後の末期的な瞬間は語り得ないものでした。ですが、いまではそんなことはありません。第二、第三、第四、第五と経過するステージがあるからです。とりわけ当てはまるのは、四十代、五十代の人たちです。その時期になると、少なくともわたしの経験では、いったんそうしたことが起こったら、命の危険がなかったとしても、深刻な病気がほかの人たちにも起こるのだと気づくのです。

ベル：わたしのフェミニストの友人の場合、彼女の家系にはいわゆる遺伝性の癌細胞があると言われています。家族一人ひとりにリスクがあるわけです。

スチュアート：かつてよりも、自分の親世代の病が重要だと気づいている。家族自体が抱えるものですから。

ベル：こうした友人のなかには、話してみると、すでに癌にかかったことがあって、一人をのぞいて家族の全員が癌患者であり、多くが亡くなっていたりする。さらに、彼女自身の場合、自分の娘が大きくなるまでもたないかもしれないことを知りながら、なんとか生きなければならない。彼女はそうした事実と折り合いをつけているとはいえ、こうしたことは医療技術のおかげでもあるのです。最近まで、そうした技術はありませんでした。歴史上の別の時期でしたら、こうしたことは知り得なかったでしょうね。

スチュアート：当然のようにして一家が続くのを、中断することになる。四十代で、見るからに健康盛りなのに、突然ひどく深刻な病に冒されたという人を、山ほど知っていますよ。なかには亡くなった人もいますし、そうでない人もたくさんいます。でも、二度と元通りにはならない。死への道のりが始まってしまったことに、誤魔化しようがないほど気づいてしまったのです。

ベル：数年前に大きな病気をしたときは、人生の転換点でした。その時まで、いくつもの幻想を抱いていました。不死身だと思ってはいませんでしたが、時間がたっぷりとあるから、人生で多くのことを解決できると思っていたのです。生体組織採取検査をした時のことも覚えています。結果がどうなるか待っていた。医者はとても率直な人で、「もし悪性なら、基本的に、もって数ヶ月の命だ」と言われました。結果が戻ってくるのを待っていた六日間のうちに、自分の人生の点検をしていました。振り返ってみて、気落ちしてしまいました。自分の姿を見つめてみて、がっかりしてしまったのです。死の技法について話してみてもいいでしょうか。というのも、つねづね考えてきたのは、子供の時にとても死が身近にあったものですから、死にかけたり、死が目の前にあったりする時点では、自分の送ってきた人生に満足しているだろうし、そのような人生を送りたいと心から願ってきたのです。でも、満足なんかしていないと気づいてしまったものですから、この瞬間、本当にショックでした。そのときに思ったのです。人生のあまりに大部分を仕事にささげてしまった。十分にやり尽くしていないことや全身全霊をかけてやり尽くしてないことが、ほかにもたくさんある。なのに、二十歳から四十歳までの人生のたいがいを、書くことや仕事をこなすことばかりに注いできた。本当にパニックになって、恐ろしくなってしまいました。自分が本来ならば送りたかった人生を送ることなしに、死に近づいているのかもしれない、そう思ったからです。

スチュアート：そう、わたしが死を予期するということで言おうとしていたのも、まさにそのことです。人生半ばで襲いかかる最初の病です。そこから回復しないというのではない。でも、ほかの病とは別の経験です。みずからが送ってきた人生について、どのように感じるのかに気づき、精算するよう迫られるからです。転換点ですよね。八十年代はじめに、初めて病気になった時、確かに転換点でした。まさにその意味での転換点だったと言えます。働くことにあまりに時間を費やしすぎましたし、ほかの人のために自分の人生をささげ、コントロールを失っていました。ほかの人たちがわたしに求めるものに応えようとするあまり、自分自身が求めるものを越えてしまっていたのです。立ち止まって自問する必要があった。「お前は何が欲しいんだ？　それをやり終えなかったなら、どうなってしまうだろう？　この世が終わってしまうとでも？」

非常に重要な転換点でしたよ。ですが、もうひとつ考える必要があったのは、死の技法、すなわち、生というものが完成され、満足のいくものであるという考えを諦めねばならないのではないか、ということです。ひとがじっさいに生きてきた人生なんて、とっちらかっていて、ままならないものなのですが、死の技法はそうした現実と折り合うことになのかもしれません。そうしたことを表現する別の方法なのです。技法と考えるなら、いわば、辻褄が合うことになる。そしたら、満足が得られるわけです。わたしには年配の知り合いがたくさんいますが、非常に深刻に考えてしまうことがあるんです。みな自分の送ってきた人生をあまり幸せだと思っていないんです。

ベル：ちょうどマーガレット・フォスター[31]の回想録を読み終えたところです。三世代にわたる労働者階級の女性の年代記でもあるのですが、彼女の物語で非常に痛切で悲しみに満ちていたのは、自分の母親が八十代になって死に近づくにつれて、ひどく辛辣になってきたという事実と葛藤しなければならないということです。彼女の母はつねに言っていたそうなんです。「自分の人生は何の価値もなかった。何もしてこなかった」と。読んだ時、本当に言葉を失ってしまいました。

スチュアート：きわめてよくあることです。年老いるという経験全体をロマン主義的に考える傾向がありますね。老齢と共にきまってなぜだか静謐が到来する、あるいは、人生というものをきちんと生きて、完成状態に至るという感覚です。そうしたことは起こり得ますし、死に直面して充足感を得られる人は幸運です。ですが、人生のなかで何が解決できて、何が解決し得ないかについて、残された時間で何がなし得ないのかについて、心構えをして素直になる方がいい。わたしは解決を見ることのない問題を考え続けている。とはいえ、ある意味で、解決には遅すぎるわけです。状況を再構築することはできないのですから。

ベル：となると、それ自体で解決となるのです。病に冒されていた時に人生を振り返ってみて思ったのは、たとえば、自分の人生でこれまで抱いてこなかったような情熱が存在し、ほかの人間とある種の関わりを持ちたいのだ、ということでした。その時以来、こうした情熱や関わりを大切にしてきましたし、それ以前との違いも理解しています。三年前には死ぬなんて考えられなかったのですが、いまなら死んでも構わないとさえ思います。そうした情熱はとりとめがなく問題ばかりだ、というわけでもありません。それがありさえすれば、人生でずっと幸せに暮らせるというおとぎ話のような情熱ではないのです。ですが、そのおかげで、自分が何かをやり遂げたのだと感じさせてくれたのです。

スチュアート：何かをやり遂げたという感覚は格別ですよね。話題としている経験、経験したいと思っている感情といったものが、たとえ深いところではわずらわしく不穏なものであったとし

(31) マーガレット・フォスター(Margaret Foster, 1938-2016) イギリスの作家、伝記作家。代表作に『ジョージー・ガール』(小野寺健訳、晶文社、一九八二年)など。本書で言及されるのは、*Hidden Lives: A Family Memoir* (Viking, 1995) のこと。

ても、経験したり、感じたりした方が、何もしないよりいいのです。考えを巡らせたり、自分の人生でそれらがどのような違いをもたらしたのかをふりかえったりできる方が、一切しないよりいいのです。そうした機会は向こうからやってくるということはありませんし、さもなければ、経験することがないのですから。

ベル：こうした老人の多くが辛辣なのは、かなり長いあいだ生きてきたにもかかわらず、いまだに自分の望むものに向けて跳躍を遂げることができていないからなのです。そうした辛辣さは、日々、死に直面しなければならないから、というだけではない。非常に多くの人が病に冒されており、死と共に生きているため、死が手の届く範囲にあることに耐えられないのです。そして同時に、何年ものあいだ危険をおかしつつ、勇気ある一歩を踏みださねばならないという事実に直面しつつも、そうすることができない。

スチュアート：自身の世代を越えて生きながらえる人たちにも、当てはまることですね。次の世代の人たちの考え方や理想というものは、あとから振り返って考えてみると、自身の生きる人生に抗っているのです。この人たちはこれで完全に満ち足りているのですが、やがて娘や息子ができると、成長するにしたがって、必然的に別の生活を始めたり、構築したりする。あるいは、別の生活にとりかかるのだ、と宣言せねばならない。そうしたことによって、自分自身の人生を振り返って見つめることになるのです。

ベル：素晴らしいと思います。マーガレット・フォスターの本が痛切に響くのは、あまりに過重な労働をしなければならなかった労働者階級の女性を、何世代にもわたって記録することができたからなのです。母のことをふりかえると、全自動洗濯機もなかった時代に七人の子供を育てたのです。彼女の人生における日常は、洗濯ひとつとっても、このような厳しい労働に生活の何時間も費やすことがふつうでした。目覚めてみると、わたしには子どももいない訳ですし、汚れで困ることもないのです。洗濯物をあつめて持っていき、綺麗にして持ってきてくれる人もいる。口にはしませんが、世代間の争いをたくさん産むことになるのです。たとえば、母は自分の人生に対して、ある種の軽蔑を抱く。わたしの人生がある意味で、自分の送ってきた人生に対する告発だと思っているのです。

スチュアート：新しい人生は、彼女がじっさいに送ってきた人生の告発となってしまう、と。ある意味で、不満は内側からやってくるだけではなく、外側からもやってくるようです。自分の送ってきた豊かな暮らしに静かにじっくり向き合っているまさにそのときに、もっとも深い関係にある近しい親戚や友人、子どもといった存在が、それぞれの人生と照らしながら、お前の人生だめなところはこれだ、とあげつらうわけですからね。

ベル：だとすれば、死という現実が知への認識のあり方を変容させると思いますか？　非常に多くの関心が死への技法へと注がれていた歴史上の瞬間というのは、人びとが疫病で亡くなったり、治療方法の存在しない病気で命を落としたりした時代でもあるのです。病気や死というこの現実によって、わたしたちは変わるのでしょうか？

スチュアート：部分的にはもちろん、そうでしょう。寿命そのものが変化するわけですから。

ベル：わたしたちがいま話していたことに乗っかると、そうなりますね。

スチュアート：昔のことでそうだなと思うのは、ほとんどの人びとが比較的短期間で人生を終えたのです。人びとは、自分の人生の早い時期に全身で死と向き合ってきた。たとえじっさいには死ななかったとしても、死を予期していたのです。ですから今日、医学知識と医療技術の発展により寿命が伸びたことで、まったく新たな次元に突入したのです。ひとつの人生を生きて、さらに自分の人生に収まるよりも、もう少し長生きすることになる。すると、わたしたちが自身を理解する仕方、みずから望むものを理解する方法に変化をもたらす。死と老齢をめぐる別の事態が、これと関わります。非常に年老いた人びとには、あたうる限りの人生を生きてきたのに、まだ人生に満足がいっていないという人がいる。どうしてと思うかもしれませんが、わたしたちの理解が及ばないのは、この人たちが自分のことをどれほど若いと思っているか、ということです。わたしたちにしてみれば、この人たちが二十代だったのは遥か昔のような気がしますが、本人たちにはそれほど昔のことでもない。わたしたちだって、自分の子ども時代や青春時代がとても最近のことに思えるわけですよね。

ベル：ですが、いま現在、四十代の女性であるということは、かつてとは事態が根本的に違っています。大部分は、産児制限ピルの発明のおかげです。五十年代生まれのわたしの世代は、青天の霹靂の如く、女性としての自分の人生が、望まない妊娠の恐怖がなくなることで完全に変わったのです。子どもを持つか持たないかをみずからコントロールできる、とわかったわけですから。この事実が社会に与えた影響に関して、十分な研究調査はなされていません。

スチュアート：とても大きな変化です。

ベル：女性のアイデンティティにとって非常に根源的な変化なのです。いままでは女性の世代間ギャップはありません。現実を見通すにあたっての障壁が、取り払われたからです。産児制限が十分でなかった時代に育った女性には想像もできなかった現実を、みなが享受しているわけですから。すると、セクシュアリティは完全に別のものを意味することになります。現代のフェミニズム運動が非常に盛んであったときにも、女性は作家になれるのか、女性は男性と同等の自由や力を持って書くことが本当にできるのかについて、いまだに議論していたのだと言うと、学生にびっくりされます。これらの議論と結びついていた感情というのは、通常は子どもをもうけることにより、運動に限界がもたらされるため、言葉と生活への女性の関わりが制限されるというものです。スタンフォードでは、ダイアン・ミドルブルック[32]とともに学びました。わたしたちが熱心に議論したのは、女性と書くことをめぐる問い、すなわち、産児制限の発明によって女性と知をめぐる考え方に革命が起きるのかどうか、といったことです。

スチュアート：じっさいに変わりましたよね。もっと知られてもいいですが、革命的な変化です。直接の結果については知られています。でも、女性たちにとっての経験、そして男たちにとっての経験という観点からは、その結果が知られているとは言えない。

ベル：死から欲望へという変化を可能にしました。ピルの功績のひとつは、男性と女性双方のセクシュアリティについての思考方法をまったく変えてしまったことにあるからです。異性愛主義の男性と女性についてだけ語っているようにはしたくない。ゲイであることのスティグマには、「子どもを持たない人」というイメージがあったのですが、突如として、異性愛の人も子どもを持とうとしない世界が到来した。これまで存在したことのなかったような、目線の変更を生み出したのです。たんに子どもを持たないからといって、ゲイであると決めつけることはもうできないのです。

スチュアート：その変化は、欲望と再生産のあいだの分離と関係があります。もちろん、支配的なイデオロギーが信じ込ませたいのとは異なり、そのふたつは一体ではない。このふたつはさまざまな仕方で継続的に直結しているのですが、じっさいにはそのようなかたちで現れることはない。結果として、一般的には欲望が、またセクシュアリティも、公的な言説としてある種の準自律性を獲得しています。さらに、こうした展開以前にはなかったような公的な行動規範においても、そうなのです。ゲイと異性愛主義の人たちがともに子どもをもうけることがないから、いまではそうした仕方で有徴化が行われないという論点を出されましたね。あなたのこの論点と並んで、非常に重要なことなのです。現在のセクシュアリティの領域においては、あらゆる仕方で判別がつきにくい、区別ができない。それに対し、昔からの性に関する文化では、こうした空間は有徴化され、固定され、人びとの生活に変化を及ぼすことがない。でも、もはや実情とはかけ離

（32）ダイアン・ミドルブルック（Diane Middlebrook, 1939–2007）アメリカの伝記作家。イエール大学で博士号取得後、スタンフォード大学で長年フェミニズムを教えた。詩人のアン・セクストンやシルヴィア・プラスの伝記で名高い。

れているのです。

ベル：興味深いことに、カルチュラル・スタディーズの仕事のなかで、人びとはこのことにほとんど気づいていません。本来ならば、世代間ギャップについて検討することで、完全に対立する世界観に取り組むことができるわけですから。かつてであれば、望まない妊娠をめぐって女性の生き方をかたちづくっていたのは、恐怖にほかなりませんでした。その女性たちが歳をとって目にすることになったのは、新たな世代の女性が性的な自律性を手にする姿だったのですが、かつてであれば想像さえできなかったことです。こうして、怒りにみちた闘争の場が女性たちのあいだにもたらされましたが、その考え方の違いを、カルチュラル・スタディーズやフェミニズムはまだ十分に明らかにしていません。

スチュアート：おそらくその点については正しいと思います。何よりも、この経験はある程度、階級に縛られていますし、世代によってかなり規定されているからです。世代と同時に、社会の領域によっても規定されている。英国ではいまだに多くの場合、中産階級の女性なのですが、知識があり経済に余裕があるおかげで、壁を作ったりせず、以前よりずっと開かれて充実した人生を送ることができるにもかかわらず、文化やイデオロギーの違いのために、そうしたことを選ばない、という人がいます。これはイデオロギーの面できわめて負荷のある問いであるため、ほとんどの国では、欲望を経験するといった観点ではなく、セクシュアリティを管理するといった観点で追求されているようです。欲望をめぐる経験は、とりわけ図式化しづらいですし、話しづらい。でも、行動への管理といった位相と同様に、そうした位相でも変化はあらわれているのです。

ベル：わたしにも面白い話です。たくさん考えてきたことだからです。自分の人生のある時期について、さらに自分がどのように作家になったのかについて、自伝的作品を書いていました。『中断を記憶する――仕事と作家』(33)を書きはじめて衝撃だったのは、六十年代後半から七十年代初めにかけて、自分たちが創造性や権力といった考え方を作りなおそうとするプロセスが、いかにセクシュアリティや欲望の遂行と緊密に結びついていたか、ということなのです。ふたつのことは、わたしたちにはひとつのものでしたし、もし視野が広く、批判的で想像的なヴィジョンを手に入れようとするなら、視野が広く多元的なセクシュアリティと親密なかたちで結びつくはずのものでした。部分的には、ふたつをめぐる熱狂とそれらにともなう意味が失われたことを哀悼して、こうしたことを書いています。女性の創造性と、性的な冒険や自律性をめぐる問いのあいだに緊張感など存在しないかのごとくに、人びとはふるまっています。新たに関心があってビート世代の文学を読み直していたのですが、ケルアックと結婚した女性や、こうした男と関わって

(33) *Remembered Rupture: The Writer at Work* (Henry Holt, 1999) のこと。

いた女性は、家で子供の世話をしていたのだ、とすっかり気づいてしまったのです。作家や冒険家にとっての路上という考え方自体は、いわば、深刻な結果を恐れることなく、「路上にて」どこへでも行けるということです。であるならば、女性の創造的な心性にとっていまだに未知のものなのです。路上でレイプされるかもしれず、望みもしない子供を妊娠してしまうかもしれないわけですから。「売春婦」だとスティグマ化されるかもしれない。多くの異なった結果が待ち受けているでしょう。ここのところ、こうしたことの多くが検討に付されてきました。現在関心があるのですが、そのように徹底したセクシュアリティの検討や性的自由をめぐる問題は、いくぶんかはカルチュラル・スタディーズの言説で、そして、フェミニズムの言説では深いところで、その双方に欠けているように思えます。ひどく懸念しています。

スチュアート：なぜ欠けているのかはわかりません。第二世代の勲章といったものでしょうか。自分が最初に壁を壊したときとは非常に異なったものとして物事がきまって経験されるということが、当然になってしまうのですね。

ベル：重要なのは、フェミニズムがセクシュアリティについて探求を始めたのを記憶することです。しかし、SかMかといった話で議論が止まってしまっています。権力と欲望の関係は、自由という筋書きにのっとって折り合うことはできないからです。自由の意味と正義の意味を定義する際、つねに平等という観点が介在していたのですが、そうしたことは欲望をめぐる闘争の場とは折り合いをつけることができないのです。望み、求めるのは誰なのか、愛される者、愛する者は誰なのかといった観点からすると、あまりに多くのことが不平等のままです。こうした問いには簡単に折り合いがつかないため、セクシュアリティをめぐる問いはとりわけフェミニズム内部にふたたび押し戻される必要がある。自由という概念をきちんと定式化しようとしても、欲望とは折り合いをつけることができないのです。

スチュアート：自由という概念をきちんと考えるという観点で、その点を考えたことがなかったです。自分がそうした緊張感について考えるとしたら、欲望と支配のあいだの緊張関係とさらなる関係があると考えるでしょうね。たとえば、SかMかをめぐる問い、平等、広告における女性の身体の用いられ方、ポルノグラフィーをめぐる議論、一方では欲望、他方では敬意が、それとどう関係するのか、といったことです。自由をめぐるさまざまな問いもそこに関わってきますが、行動をめぐる外からの問いが中心を占めているようですね。いったんそれが中心を占めるとなると、欲望をめぐる問いは、より深く、さらに厄介に、必然的に曖昧にならざるをえない。杓子定規に測定できるようなものでもないわけですから、その位相およびそうした次元での探求は、停止か中断を余儀なくされる。男性に関するかぎりで、これが何を意味するのかに関心があります。男性には、女性にはない形で、性的な勝手気ままさやある種の自由が認可されてきました。ですから、明らかに、あなたが語るような変容には影響されることはないとおっしゃるかもしれませんが、じっさいにはそうではない。自由という概念は、きまって、法で禁じられた外部にあり、欲望の対象でありつつも規制されない物事と関連づけられ、しるしづけられてきました。異性愛的な基盤はある領域に安定を与える。でも、別の領域も存在します。規制のもとにある性生活と性的欲望のあいだには裂け目がある。明らかに、男性は女性には許されてはいない領域を探索することが許されている。でも男性は、一夫一婦制の異性愛主義を継続することによって、性生活の絶対的な理想がもらされるという考えから自由ではない。彼らの状況もまた、変化にさらされているのです。

ベル：まさにこうしたことを、みな一生懸命書いたり考えたりしようとしているわけですよね。自分の意見の枠組みの作り方は、女性の生活にとって、女性の性的な自律性の変化が意味することと関係しています。でも、そうしたことを男性の生活と結びつけはしませんでした。とりわけ異性愛主義の枠組みのなかで、男性のセクシュアリティがどのように構築されているかということと関わる空間なのに。同性愛であろうと異性愛あろうとバイセクシュアルであろうと、このような規範の内側では、女性の性に関する自律性が束縛を受け、自制を求められる。そうした姿がいまだにつくられつつあるのではないでしょうか。これに対立、ないし対抗するかたちで、冒険を求める男性の志向が存在する。公平な立場を準備しようとすると、生じるのは――

スチュアート：――男らしさが神経衰弱を起こし、あらゆる仕方で主張し出す。たとえば、一方で、暴力的な反動行為に出て、ある種の異性愛的な男らしさを配置しなおし、あらためて強調し、ふたたび活気づける。他方では、自由や自律性、主体性やセクシュアリティについて、一部の男性のあいだで、別様の概念が生まれる。

ベル：先日話していた、もっと広がりのある仕方で先進的な政治を立ち上げることに立ち戻ることになりますね。男性と女性にとって、この別様な次元での解放的なセクシュアリティが一体何なのかを分節化することは、それがどれほど上手く行っていないのかを名指すことよりも難しいのです。結果としてその状態に神経衰弱という名前をつけることはできます。しかし、ひとが本当に新たな場所に足を踏み入れるとき、そのユートピア的な瞬間を名づけることはできないのです。

スチュアート：難しいでしょうね。人びとがそうした瞬間を名指そうとしてこなかったのは、ものの見方が偏ってしまうからですね。ユートピア的な概念というニュアンスには、性的関係がひと世代のうちに、深いところで再構築されるだろうという願望や想像が含まれます。でも、もちろんそうしたことは不可能です。セクシュアリティの再構築は、ある場所で、ある人々にとって、ある時点で、偏った仕方でなされてきました。だから、まったくユートピア的ではないし、よもや壮大なものでもない。そうした流れに抗する力はこの社会にきわめて根強く、六十年代と七十年代には驚きを持って迎えられた。その意味で、バックラッシュはずっと存在していました。力を握る者たちは、変化の結果として女性たちが手にした自由の多さを前に、完全にたじろいだのです。

足場を回復し、立ち直るのにしばらくかかりましたが、この人たちはきわめて効果的にこうしたことをやってのけたのです。今日の見方では、六十年代や七十年代の人たちが見る以上に、ユートピア的な理想が守勢に立っているということになるでしょうね。

ベル：根本的に別様の性的実践を心から試みてきたわたしたちが、自分たちのことを語ってこなかったという事実と、そうしたことが一体どれほどつながりがあるのだろうと考えます。わたしがここ十五年のあいだに築いてきた関係性は、一夫一婦制に基づくものではありませんでした。でも、本当のところ、そうしたことを語ってはこなかった。一夫一婦制ではない生活様式に身を捧げ始めたとき、わたしは十九歳でしたし、無我夢中で性的な解放と女性の解放を謳歌していたのです。それから、いろんなことを語ることができるようになった。下宿部屋や学生寮で車座になって、一夫一婦制の問いについて絶え間なく語り合いました。一夫一婦制を背景としつつ、家父長制の内部で女性は本当に自由を手にすることができるのだろうか、と問いかけました。当時みんなが同意していたのは、一夫一婦制を基準にすれば女性はつねに負けるしかない、ということでした。じっさいに、女性にとってもっとも解放的な可能性は、それなりに関わりつつも、一夫一婦制を基準にしない関係によって開かれる、そう思ってもいました。ある時点になると、一九八〇年頃のことでしょうか、もうこうしたことを話題にするのは格好悪かったのです。いまでは、そうした原理や信条を反映するようにして、自分たちの生活を形作ろうという試みを継続することができます。ですが、もはや公的な言説としては存在していませんでした。

スチュアート：ユートピア的な興奮ということで言おうとしていたのも、まさに、セクシュアリティのあり方を再構築する、ということです。多くの人びとがみずからの交友関係のなかで、自身の人生のなかで、みずからの関係性のなかで差異をもたらすことに心を注いできました。でも、こうしたことはもはや、公的な対話へと場を移して行われることはほとんどない。思うほど簡単ではない、ということもあります。想像するより問題につきまとわれない、ということでもない。

ベル：問題ばかりですよ！

スチュアート：そうなのです。このことと関係するのは、あなたが言及していた、自由という概念のままならなさです。いったん自由を手にすれば、この絶え間なく続く自由というやつを前にしてあらゆる問題が消滅するはずだ。ひとはそう語りたがるわけですが、そんなことはない。みんな気づいていますよ。いったん自由というやつを手にすれば、それ相応の結果や犠牲、あらゆる矛盾がつきまとうものだ、ということに。でも、まったくあなたの言う通りだと思うのは、人びとの希求、欲望に関する公的な言説へと変容させるような仕方では、自由について語られることはないからです。非常に残念なことです。多くの人たちの人生で、もっとも魅力的かつ複雑な仕方で、この自由という空間がじっさいに勝ち取られてきたわけですからね。「勝ち取られる」という言い方をしましたが、人びとがみずからの人生や人間関係、自身の結婚において、こうした実験をしてきたということではありません。そういう意味ではないのです。おそらくこうした事柄は、そうした関係性や婚姻関係の内側では語られてこなかったでしょうから。それでも、探求は存在してきました。嫉妬をめぐる問いについて考えてみましょうか。家父長制のもとでの一夫一婦制を変容させることをめぐっていかなる議論をしようとも、その核心に確実に存在するものです。そもそも、家父長制のもとでの一夫一婦制自体、男性の嫉妬に法的根拠を与えることで成り立っています。すなわち、その感情に続くのは、所有と支配なのです。話題にしているのは、そうした文化がわたしたちをかたちづくった時期に、自己形成した人びとのことです。興味深い問いですよね。人びとが敵意や嫉妬にどのように付き合ってきたのか、どのように語ってきたのか、どのように交渉してきたのか、それらを手放すことで、ましになったのか。わたしたちはこうしたことと渡り合おうとしてきましたし、経験豊富と言えます。でも、ほとんどの場合、ちゃんと対応できてはいない。でも、確実に何らかの教訓は得ました。とはいえ、包み隠さずに話せるような場は存在しないのです。

ベル：そうした場が存在しないことが危険なのは、わたしたちの耳に入ってくるのが、失敗をめぐる恐ろしい話ばかりになってしまうからです。一夫一婦制を拒絶した末の失敗談、あるいは、家族という概念や家庭での暮らし方を考えなおす試みのどちらかしか聞こえてこない。じっさい、そのために、その時期の経験についてもっと考え、書こうという気にさせられたのです。振り返ってみると、そうした時期は失敗ばかりではない。むしろ、両親の生き方に対する驚くべき勝利だったのです。

スチュアート：わかります。

ベル：わたしの育った家庭では、セックスに付随する嫉妬は家父長制による支配と非常に緊密に結びついていました。そのため、フェミニストとして目覚める前のことですが、家を出てから熱心に信奉するようになったのは、所有との関係で欲望について考えたくない、ということでした。所有されたくはありませんでしたし、誰かを所有したくもなかった。そうしたことが心の非常に深いところにあったため、フェミニズムの思考で同様の考え方に出会ったとき、政治的に認められたような気がしたものです。

スチュアート：すでに知っていたことですものね。別の経験から知っていた。

ベル：とても重要でした。

スチュアート：わたしの場合には、当てはまりません。セックスに付随する嫉妬は家族のなかでとても根強いものでした。でも、すこし異なるのは、父は家父長的な人物としてそれほど強い存在ではなかったのです。母は場を支配する男まさりの女性でした。それでも、一夫一婦制の認可のもとで独身生活が失われるという状況に関わることを、軽んじているわけではなかった。わたしにとっての問題は、それが権力の磁場であることを理解せずに、また、そうした権力の磁場によっていかに父と母が、とりわけ母や家族全体が歪められてしまったのか、どのように家族の性に関する文化に影響を与えたのかを理解する前に、そうしたことをまったく理解せずに、現状とは異なるイメージ、すなわち、ふたつの融合する魂というイメージを抱いてしまったことです。一夫一婦制ですが、意味は異なります。家父長的ではないからです。ロレンス的とも言えます。『恋する女たち』〔初版刊行一九二〇年〕を読んでいたからでしょうか。わたしの理想は、一定期間、誰かと性的関係を結ぶことで、双方の人間に多くがもたらされることになる、というものでした。そうすれば、自分の家族のなかで進行していた恐怖を避けることができると考えたのです。月（女性）が太陽（男性）に吸収されるということが求められていました。非常にロレンス的な図式です。ロレンスは両義的な存在です。ある意味で家父長的な人物なのですが、セクシュアリティと欲望に関する言葉の地平を開きました。小説で描かれる第一世代に属する家族は誤解をするのです。セクシュアリティと欲望は力であり、人を惹きつける力なのだ、と。そうした未熟な時期の経験は非常に強烈なため、じっさいに二十代で経験するとなると、当然、気性の合う人を求める。『恋する女たち』の場面を自分の人生で再現しようとしていたのです。そうした生き方を打ち砕いたのは、フェミニズムなのです。フェミニズムだけが、そうした生き方は関係性のひとつに過ぎないと気づかせてくれた。とはいえ、生き方としては素晴らしいものでした。双方が享受することになっていたのですし、多くを得ることになるはずでした。かつての家父長制のように不快で自分本位というわけではない。権力を後ろ盾としてはいない。とはいえ、確実に、男性から女性へという従属の筋道は、徹底して象徴的なものとして存在していました。家父長制をふたたび記入したのです。口にするのも恥ずかしいのですが、昔書いたラブレターで、こうしたことを激しく表現したことがあります。

ベル：とすると、フェミニズムはこの事態に対してどう反論したのでしょう?

スチュアート：端的に言えば、ほかの人間と性的関係を持ちながらの生活は維持することが困難だ、ということです。

ベル：別の雛形を提示することはありませんでしたが、フェミニズムが主張したのは、わたしたちは自分自身の内部に男性と女性の両方の存在を抱えていて、それは個人の内側にあるのだという考え方です。この両極はいまだ所与のものだが、個人としてはみずからの内側で生きることができると考えられていました。個人として両性具有でありうるという思考を打ち出したのです。

スチュアート：もちろんそれは非常に重要ですし、次なる重要な一歩です。でも最初は、自分にはそうした形では到来しなかった。同様のインパクトがやってきたのは、例の最初の雛形を手放すことがどういうことなのかを理解した後、あるいは理解した結果です。手放すとはいっても、性や感情からくる力関係は維持する。しかし、それが一連の確固たるアイデンティティや立場と結びつくことはない。それまでの思い込みがいったんバラバラになった後で、わたしたちはみな性的な存在だが、ひとつの雛形に縛られる必要はないという考えこそが、理解の仕方を変えたのです。

ベル：わたしの世代にとっては、両性具有の思考こそが問題でした。いったん両性具有の思考を手にしたなら、ジェンダーを変え、越境するという地平が開けるからです。そうすれば、女性と性的関係を持っても、レズビアンである必要はない、となる。自身の内側にある男性的な原理に手を伸ばすだけでいいのです。

スチュアート：まさに、欲望をきちんと評価するという言い回しで意図していたことです。でも、欲望がひとつに固定されたものであるという考えはとらない。それ以来、欲望を目の敵にするような見方に抗ってきました。わたしには何の意味もないことですし、わたしの知っている人たちにとっても、これまで以上に意味のないものになっています。男性とも女性とも関係をもったことのある人びとは、とても多いのですから。

ベル：ごく最近のことなのですが、白人の若い英国人女性がこちらに歩いてきて、ゲイ・プライド・マーチでカムアウトしたばかりだと言うんですね。「それ以来、黒人男性とセックスをしてきたのですが、自分がレズビアンであることはどういうことなのかを理解しようとしているんです。カムアウトして以後、こうした新しい経験をしているのはどういう意味なんでしょう」とたずねるのです。

スチュアート：自分が誰なのかという問いを立ててしまったら、理解できなくなりますよね。

ベル：こうした事例が教えてくれるのは、意味のシステムにおいて、既存の範疇には限界があるということです。ですから、ある意味で、レズビアンであると主張する所作は、性的な自律性を主張する所作なのです。ですから、もっと十全に主張したなら、詳細に理解することができるのではないでしょうか。

スチュアート：自律性の主張が別の場を求めることにもなるでしょう。

ベル：自身を閉じ込めるものの内側で活動しないことを決めて、いったん解放されたなら、ドミノ効果があるのです。ゲイライツの領域で解放を実践してきた人びとが成してきたのも、まさにそれです。アイデンティティを強烈に主張することでカムアウトしたのですが、ひとたびアイデンティティを主張すると、アイデンティティそれ自体は、主張が示すほど閉じられたものではないとわかるのです。

四　アイデンティティ・ポリティクス、あるいは自己を語ることの不可能性

スチュアート：いわゆるアイデンティティ・ポリティクスに関して、非常に重要な論点です。きわめてよくあることですが、社会運動は、いわば明らかに統一され、明らかに本質化した、明らかに同質的なアイデンティティを、声を上げるべき主張のために構築することによって、はじめて前進するのです。それが、闘争を行うことのできる唯一の方法だからです。ですが、その内側の足場は仮のものなのです。アイデンティティが自律性や欲望、行動の足場となる現実の空間は、そのようなアイデンティティが示唆するよりも、ずっと多様で、連続しているからです。声を上げる政治を蔑ろにすべきではありません。むしろ、アイデンティティやアイデンティティが形成されるプロセスがどのような性質を帯びているのかについて再考すべきあって、そうしたことこそが求められているのです。

ベル：ある意味で、闘争のための足場に欠かせないものとして、誰もがある種のアイデンティティ・ポリティクスに価値を見出したいと思っているのです。ですが、予言に耳を傾けるようにして、闘争に関わるほかの立場を想像するよう呼び掛けられてもいるのです。確かな立ち位置と

して始まることのない足場をもとにして、支配を終わらせる作業や正義に関わることがどういうことを意味するのかと想像してみると、この特定の瞬間には失敗であるように思われます。まず初めに、「自分はゲイである、だからゲイライツを支持するのだ」と言う必要はない。政治的に口に表せない領域なのです。数ヶ月前に母が電話をしてきて、ある新聞のどこかであなたがレズビアンだって読んだよ、と言うのです。「人びとに間違った見方をさせたままで良いのかい」、と。説明しようとしましたよ。そんなの大した問題じゃない、自分の欲望がどういうものかについて、自分のセクシュアリティをどうしたいのかについて、はっきりわかっているから、と。新聞社に押しかけて、「わたしはレズビアンなんかじゃない」と言うなんて冗談じゃない。だとしても、この世でもっとも最悪なのはレズビアンであることだという考えを強化することにはならないでしょうけど。それで付け加えたのです。「わたしの姉さんはレズビアンですよ、母さん。最悪の存在なんかじゃないでしょう。全然否定的なことなんかじゃない。だから、母さんの望むような仕方で表明できない」って。またもや、自分の立っている場所を定義する語彙が欠けていることに衝撃を受けてしまったのです。象徴的な意味で公に異性愛主義を支持しないというだけで、ただちにレズビアンだと認識されてしまうわけですから。

スチュアート：アイデンティティと政治運動の関わりが、公的な言説においてどのように分節化されるかにかかっています。あらゆる社会運動には確固たる揺るぎないアイデンティティが伴うものだ、こちらの陣営でなければあちらの陣営を支持するはずだ、という思い込みがあるのです。みなが政治にかかわる問題を明確に分節化しないのは、ある意味で、暗黙のうちにそうした前提を受け入れてしまっているからなのです。ですから、旗幟を鮮明にする人は怖がったりしない人だ、さもなくば、身を危険にさらしても構わない人だと思われている。特定の社会的立場を支持するたたかいのなかで、いかにして個々のアイデンティティが書き込まれるのかをめぐる根本的な誤解と言えます。ゲイライツのためのたたかいには、ゲイライツに価値をもたらすために、生涯すべてを捧げてきた人たちがいます。他方では、ゲイという関係を経験したことがない人びとがいる。このふたつの立場が潜在的に記入可能となるのが、いわゆる政治的な立場性というアイデンティティであって、性の自由をもとめるさらなる運動と連携する人びとに帰属するのです。

ベル：『フェミニズム理論――周辺から中心へ』(34)のなかで発表しようとはしたものの取り上げることがなかったのは、このような意味で生活様式やアイデンティティについて考えることやめなければならない、ということです。わたしたちは、みずから選択した政治的な関わりについて語

(34)『ベル・フックスの「フェミニズム理論」――周辺から中心へ』(野崎佐和/毛塚翠訳、あけび書房、二〇一七年)のこと。ベル・フックスの二作目の著作で『わたしは女ではないの?』と並ぶ代表作。原著は一九八四年刊行。

る必要があるのです。そうした場においてこそ、範疇や区分の限界をじっさいに越えるだけでなく、生は可変的なのだという現実を受け入れることになるからです。事実、わたしたちはつねに変化し続けているし、多くの人が性的な習慣やパターンを生涯のなかで何度も変化させる。その場を動くな、居場所を変えるな、変更はまかりならない、という要求から逃れるための唯一の方法は、範疇や区分を拒絶することなのです。ですが、そうした考え方はほとんど受け入れられることがないため、フェミニズムが生活様式やアイデンティティとなることはないのです。

スチュアート：驚きはしませんよ。人びとがそうした意味での生活様式やアイデンティティを手放さない理由について、かつて話してくれましたよね。とりわけ、早い段階で差異とは何なのか、どのようにして差異を生きたら良いのかを理解するには、処理すべきものや話すべきことが膨大にあり多くの時間がかかるためだ、と。これがひとつの理由ですね。もうひとつの理由は、後から振り返ってみると、かつてよりも意味のあることだと思えるから、というものでしたね。つねに意識下にあるプロジェクトとして生きられるわけではない。移動して躓くと、ひとつの生き方では上手くいかないと気づく。別の生き方をしてみる。あらゆる中断を引き起こすことになる。上手くいかない。でも、前を向いてみると、調子が上り始める。ですから、ひとつながりの物語や話として聞くことのできるものとしては、感じられないわけです。

ベル：あなたが一番はじめの会話で話してくれたのは、自分と同世代の人間をある意味で置いてきてしまったように感じるということでした。六十年代後半から七十年代前半にかけてのフェミニズム運動で直接の知り合いだった多くの人が、自分たちの人生やわたしたちの人生を、心を込めて作り直そうとしているのも、まさにこの領域なのです。しかし、こうした人の多くが、いまでは核家族で異性愛、ヤッピー式の家族を雛形とした生活にかかりきりなのです。どうなってしまったのだろう、と自問し続けていますよ。

スチュアート：自分の親しい友人の場合は同じではありませんし、どこでもその通りだというわけではない、とだけ言っておきます。そうした事態となったケースは知っていますし、もっと若い人たちの場合、長きにわたり異性愛的で一夫一婦制の関係を築き、気づいたらわたしなんかが予想していたよりも従来と変わらないというケースは、ひとつかふたつ知っています。知り合いのほとんどは、とても複雑で変化に富んだ仕方で自身の欲望を生きています。でも、あえて口にすることはありませんし、より一般的な事例に加わるものだとも思っていないようです。

ベル：なぜだと思いますか？　まさに沈黙こそが、文化の異性愛主義的な規範を強化するのではないでしょうか。前に述べたように、もっとも耳にするのは、代わりとなる関係性のあり方を持つ試みが失敗してきたことです。自分たちが、代わりとなる関係性のあり方を上手に作り、人生のなかでうまく回り続けていると思っている限り、反応は得られません。たとえば、わたしはパートナーのいる人間と関係を持ったことがありますが、自分は彼がパートナーと別れることに必ずしも関心があるわけではない、とひとに話したのです。わたしたち三人すべてにとって心地よい生活様式を作ることに興味があったのです。同世代の人間のうち、九割方が言うでしょう。「なんて馬鹿ばかしい。誰もそんな状況を好きこのんで選ばないよ。」歴史的瞬間として、完全に別のものになってしまった、とショックでした。あなたが自分と同世代として話していた人たちは、三十代から四十代に当たるわたしと同世代の人たちよりも、公的な領域と私的な領域の両方で、政治活動にもっとエネルギーを注いでいたわけですよね。ある意味で、後者の世代は、政治的なアクティヴィズムという空間に関して幾分か両義的でした。だから、そうした生活に容易に身を明け渡してしまったのでしょうね。

スチュアート：わたしたちは、公的な領域と私的な領域のあいだの伝統的な関係のなかで形成されました。そのため、その関係を拡張してきたとはいえ、容易に境界線を越え、たがいに語ることのできる言葉を持っているわけでは、必ずしもないのです。それがひとつの理由です。もうひとつの理由は、あなた方の場合、わたしよりも、成功が直接かつ目に見えるという経験をしてきたのだと思います。そこに困難が生じる。犠牲が大きすぎるのです。深く染み込んだパターンに逆らいながら生きるというのは、とても大変です。そうした生き方を手に入れようとしている人たちにとってさえ、不幸をもたらすことになります。たくさんの痛みが伴う。心理療法家には話すでしょう。自分たちでも共有する。非常に親しい友人のなかでの政治的で個人的な会話ですが、公的な領域に足を踏み入れることはない。そこにたどり着くことはないのです。ここに問題がある。その領域がまさに公的な領域へとわけなく踏み越えてゆくことがないのであれば、雛形として分節化されることはありません。さらなる理由としては、きまって妥協なのですが、妥協のなかには必ずしも一般化し得ないものがあるのです。場合によっては、ずっと大きな問題を物語るようになるのです。

ベル：じっさい、思い描く必要があるのは複数の物語であり複数の雛形なのだ、解放的であろうとなかろうと、概念化のプロセスがひとつは手元にあるという遅れた考えは十分じゃない。そう述べるならば、異性愛主義のパラダイムに対する有効な介入だと思います。

スチュアート：複数のものを考えること、多様なもの、雑多なもの、ある瞬間から別の瞬間への変容、とりわけ多様な必要性を受け入れることは、一番大切ですよね。わたしたちはどうやら、欲望について単数形で語るという罪を犯してきたようです。欲望というのは幸いなことに、ひとつの束としてはやってこないのです。別々の出来事としてやってくる。セクシュアリティのことだけを言っているのではありません。欲望にまかせて性関係を重ねることはできても、いつも同じ仕方で性的であるというわけではありませんから。

ベル：多くのこうした関係は騒がしいものですし、わたしもそうでした。それで、確実に心理療法家のもとに駆け込むことになる。ですが、人生全般の満足という点に至ると、人生において一定のものの見方を確かに実現しようとしたぞ、と立ち上がって述べる人たちの仲間入りを果たしたと思うのです。

スチュアート：同意しますよ。

ベル：なるほど犠牲や痛みはつきものだ、という事実とバランスをとらなければならないのです。批判的な意識を保ち、警戒を怠らないようにすればするほど、いかなる場を歩んでいたとしても、さらに多くの不安や痛みがおそらく待ち構えている。矛盾と向きあうようになるからです。だからこそ、伝統的な異性愛主義的パラダイムのカップル、ゲイのカップルかストレートのカップルかにかかわらず、あるやり方にのっとって滑らかに継ぎ目なく生活しているカップルは、素敵な魅力を持ち続けるのです。フェミニズムにおいて、もっとも革命的な仕方で言われてきたのは、「わたしたちが手に入れたいのは、相互性、すなわち自律していながら共にいると言うパラダイムである」ということでした。すると、どうしたら手に入れることができるでしょう？　膨大な矛盾や苦しみを抜きにして、そうしたものは手に入りません。さもなくば、継ぎ目なく調和に満ちた既存のあり方を受け入れることになる。そのほうが、多くの面で容易でしょうから。

スチュアート：継ぎ目のない調和だけではありません。欲望がいかに複数なのかに関して述べたように、ひとが別々の物事に対して同時に抱く欲望の多様性は、ひょっとすると、ひとつの関係性と同じ仕方で充足させ、満足させることができるかもしれない。神話だとわかっているのに、この神話がどのようにしてこれほど長いあいだ持続してきたのかわかりません。異性愛主義の規範が持続するのは、じっさいにはきわめてもっともな理由で廃棄されてきたとりとめもない神話を基盤としているからなのです。とはいえ、あらゆる物事が凝縮してひとつの領域に流れ込む場でもあります。たとえば、友愛への欲望、相互性への欲望、共通の関心や共通の目論みへの欲望、人生が変化するにしたがって得た経験を、つねにともに生きて話題にしてきたほかの誰かとともに共有すること、性的関係がなし得ないかたちで、友愛が扱いうるほかの領域も人生には存在するのだと確信し、妥協をすること。こうしたことは、唯一の異性愛的関係が核となるようにして枠をつくり、包み込み、取り囲むという考え方の先にあるものを指し示してくれるのです。

ベル：圧倒的に白人が主体となってきたフェミニズム運動の闘争の文脈では、こうしたことの非常に多くが議論され慎重に考えられてきたのは、文化の領域においてでした。一方で、黒人女性一般は非常に異なったメッセージを与えられてきました。すなわち、黒人解放の闘争においては、現時点でジェンダー関係を再考するといった贅沢を享受する余裕がない、というものです。現状を追認することで自分たちを鼓舞せざるをえなかったのです。ですから、わたし自身やオードリー・ロードのような女性は部外者であって、黒人思想家たちからすると両義的な位置づけしか与えられてこなかった。この人たちは、家父長制に忠誠を誓い続けるわけですから。英国であろうが合衆国であろうが、わたしたちが社会に置かれた関係を見据えた上で、黒人としての生を理論化するという観点での努力は、ほとんどなされてこなかったように思います。黒人解放の政治が上手くいくためには、ジェンダー政治が進歩的でなければならない、そう人びとを納得させるのは、非常に骨の折れる作業です。わたしたちはいまだに、その点について理解を得られていません。むしろ、歴史のなかの現時点で、もっと古くからある黒人の異性愛主義が、わたしたちの全体性を代表するものとして、救いのしるしとして立ち上げられることで、じっさいには、新たな存在様式や内面を生きる方法の雛形を作ろうとしているわたしたちを抑圧し、黙らせることに資するのです。これは、人種の言説と来《きた》るべき政治の内部で直面せねばならない政治的な闘争の場なのですが、人びとは向き合いたがりません。みなが人種の壁を越えた愛や欲望という場へと到達できたらと思います。目の前にある壁を動かそうと最前線で活躍してきた多くの人たちが思い浮かびます。マーロン・リッグズやビル・T・ジョーンズ(35)のような人のことを考えてしまいます。ジョーンズは言論のみを活動の場としてきたわけではありません。でも、身体性に非常に存在感があって、あらゆる人種のどのゲイの人間と比べても、ずっと率直なひとでした。ある女性と長いあいだ関係を築いてきたことを公言していましたし、彼女とのあいだに子供もいた。同時にその一方で、長年にわたって人種の壁を越えた愛情関係も続けていました。こうしたことについて話したり、それがどういう意味なのかを語り合ったりする場はそれほどないように思えます。黒人と黒人とのあいだの関係性について語ることは、ほとんどタブーであるかのようです。一方で、分離主義は時代の流れにそぐわないから、わたしたちはそうしたことをすでに乗り越えているはずだ、という前提で多くの白人はふるまう。それは言葉をめぐる別の問題なのですが、黒人女性と黒人男性が、欲望やセクシュアリティ、家庭の場でともに暮らす実践に関して、新たな対話を一緒につくりだす必要があると思います。

スチュアート：こうしたことがあらゆる政治的な告白への希求であることは、あなたが話していましたね。政治的な有効性についてはどうでしょう。これは考えてみなければならない問題です。ひとがみずからの人生について語る際、上手くいっていて、ほかの誰も太刀打ちできない壁を軽々と越えているかのような話に出会うことがあります。こうした取り組みには抑制が働くもの

---

(35) ウィリアム・タス・ジョーンズ（William Tass Jones, 1952-）のこと。アメリカのダンサーで振付師。パートナーのアーニー・ゼインとともにダンス・カンパニーを率いる。

ですが、否定的なものばかりでもない。気が進まないということもありますが、これは世代的なものでもある。

ベル：この話は重要です。わたしがかかずらってきた大きな苦しみは、人生で両親との関係のなかで経験したことと関連します。ある位相ではもう関心のないことですし、ずいぶんと前に許したことなのですが、公の言論にとっては、大事なようですね。そうした言論は、わたしの母と父にとって非常に残酷に働くのです。

スチュアート：わたしの念頭にあったのもこのことです。わたしの家族だけでなく、家族と親しい人にも当てはまることです。自分が長らく考えてきた物事について、書いたり話したりできるとは思っていませんでしたし、人前で話すことができるとも思いませんでした。長い時間がかかりました。その長い時間には、もっと早くに取り組むことができたのにということだけでなく、むしろ、話すまでに長い時間がかかったということなのです。事実、時間は距離を与えてくれるし、なかにはもはや死んでしまっている人もいます。その人たちを苦しめたり傷つけたりしたくはない。自分の姉に関連してこの点を強く感じます。まだ生きていますが、わたしが書いたとしても読むことはないでしょう。初めてわたしたちの人生について語ることができそうな気がしましたし、なぜ自分が十七歳だった頃に起こった感覚のまま、例の経験の重要性を理解することになったのか、話せるような気がしたのです。わたしには新鮮なものではありません。新鮮なのは、そのことを自由に話せるという感覚です。沈黙は批判されてしかるべきです。沈黙というのは、物語というかたちをとりながら、きまって誰かの人生を襲うものなのです。でも、「自分たちのことについて書くよ。いいかい?」と厳密に言うことはできない。こうした意識的な拒否をもたらすことには、必ずしもならないわけですから。むしろ、自分自身の人生の出来事だからといって、ほかの人たちは、みずからに影響があることならば、語られるのを望まない場合がある、そうした感覚を持つほうが適切だと思います。この人たちだって、わたしたちの書くことに言い分はあってしかるべきなのですから。

ベル:最近、公の議論の場で、階級の位置について話そうとしていました。自分自身と多くの白人フェミニストの友人とのあいだの大きな違いについて語ったのです。彼女たちは、特権階級を出自としており、精神分析や精神療法を経て、家族のなかの親密な問題について家族の外で語ることに価値を見いだすようになった。わたしは労働者階級の人間として語っていたのですが、人種よる影響もかなりあるわけです。家族のなかの出来事について外で語るということに価値を見いだせないわけですからね。まったくです。合衆国で聴衆に語りかけていると、突然立ち上がって、階級がこれと何の関係があるのだと乱暴に否定されます。特権階級出身の、あまりに多くのアメリカ出身で白人のフェミニストが、政治意識向上のための触媒として告白を援用してきましたが、それもまさに彼女たちの多くが、変容の起点として告白を心理療法のなかで利用するという長い伝統のなかで生きてきたからなのです。他方で、わたしたちの家族の歴史では、誰かが家族の外に出かけて家族のなかで起こった問題について公に語るなんて、前代未聞なわけです。違いもあります。わたしの友人で中産階級か上流階級の人たちが同様のことをしたら、彼女たちの両親は動揺するかもしれませんが、そのことを議論して先に行くことができます。わたしの家族では、そんなことをしたら完全に縁を切られてしまう。そのような犠牲を払う価値が明確にあるかといえば、進んでそうしたい気は起こりませんし、むしろ気がかりです。母と父が激昂して口もきいてくれなくなるのでは、と心配します。マーロン・リッグズの映画『黒人であること、黒人でないこと』(36)のように、人前で行った発話がじっさいにどのようにしてわたしと彼女らを引き裂くことになるのかを考えると、悲しくなってしまいます。それに、彼女たちの基準からすれば、わたしを「許した」ことになるとしても、仲違いが存在しないわけでもありませんし、絆が壊れてなどいない、というわけでもないのです。もっと言えば、許しには修復が伴わない、というわけでもないのですが。

スチュアート：治療のための言葉と精神分析の言葉を手にした多くのフェミニストが、もっと直接に記録を目的とする方法や経験に基づいた方法で語るという危険をおかすことなしに、どのようにして個人的なことについての語りを享受しているのかを観察するのは、非常に重要です。個人的、感情的、心的な位相に触れることは、受け入れ可能な規範でした。一方で、経験に基づいた物語が、視野に入るほかの人間に影響を与えるということは、おそらく含意されていない。縁を切られる、そうした境界を侵したためにけっして許されない、という問題だけではありません。傷をもたらすのが問題なのです。ある意味で、結果的に、政治的な演繹の足場として他人の人生を扱うことなく、政治的教訓を引き出すことはできます。自分を事例とすればいいわけですから。自分のことであるかぎり、告白であろうとかまいません。わたしは興味がありませんが、目ぼしい告白がほとんどないならば、自分のものに限定されるべきです。すべては関係性の問題ですから、ほかの誰かをあてにすることもできる。他人の人生につけこむことにもなります。その人たちの送ってきた人生の結果として、自分が理解していることを伝えたらいいのです。当人たちは理解したがらないかもしれませんが。確かに、わたしの場合はそうでした。姉のことについて書きましたし、それは背景を理解してもらうためでもありましたが、彼女の変化を直視するのは恐るべき経験でした。わたしが十七歳で、彼女は年上の姉でした。家族の危機によって、病が進行してしまったのです。病んだ理由はわかっていました。この植民地のこの文化に住まうこの家族

(36)『黒人であること、黒人でないこと』(*Black Is...Black Ain't*) マーロン・リッグズ監督による一九九五年発表のドキュメンタリー映画。アメリカ合衆国で黒人であることをめぐって思索する作品。リッグズは完成前にエイズでなくなったが、プロデューサーのニコール・アトキンソンと編集のクリスチャン・バッジリーの助力により完成した。本編にはベル・フックスも登場する。

が、彼女を病気へと追いやったのです。植民地主義のせいで病んだのだとわかっていました。彼女が病んだのもそのためですし、それぞれの心の内側にあるこの大きな構造をわたしたち自身が生きるあり方そのものが、原因だったのです。このことは理解していました。進行する様を目の当たりにしていたのですから。横で眺めながら、わたしは精神分析家になりたいと思っていました。自分が読んだ本には、なぜ彼女が一日に四十回も手を洗ってしまうのかについて書いてあったのです。罪の意識について書かれたものを読み、どのようにそれが生み出されるのか気づいたのです。彼女を厳格に箱のなかに閉じ込めてしまったこの家族のほかに、罪の意識が生みだされる場所があるでしょうか。逃れることのできた唯一の場所が洗面所でした。何から逃れるために自分を洗っていたのでしょう？　誰にもわかりません。彼女は全人生で、ほかの男性と関係を持ったことは一度もない。十七歳のとき、わたしはそのことを理解しました。それがわたしの人生を変えてしまったのです。わたしを完全に別の人間にしてしまいました。わたしが気づいたのは、（a）「この場から出なきゃならない。お前にはどうしようもないことだ」ということ、そして、（b）「ここに戻ってきてはいけない。彼女のすぐそば、隣のベッドに場所が空いている。お前のことを待ち構えているぞ」というものでした。

ベル：あなたの人生の抑圧をめぐっての、親密な、経験に基づいた批判なのですね。

スチュアート：問題は、彼女が自分の人生の断片を元に戻そうとしている際に、どのようにこのことについて書くかです。もうひとつの問題は、現在、そして過去三十年にかけて、わたしたちは疎遠だったということです。自身を病へと追いやった原因を認めるのを、拒んでいるのですから。あなたを病に追いやった原因はこれだと紙に書き付けるなど、できるわけがありませんでした。彼女は自分が素晴らしい人生を送ったと思っていて、それがためになんとか正気を保っている。そんな思いを踏みにじってしまうことになるのです。でもあいにく、彼女は調子を崩してしまい、二度と元通りに回復することはなかった。だからこそ、わたしはやむにやまれず、一家が送っていた全生活を深いところで全面的に批判し、理解しようとせざるをえなかった。でも、彼女はそれをつぎはぎしてある種の神話を作り、かつての様子を再現することによって、何とか生きながらえているのです。かつて何があったのかについて、わたしたちの話を共有することはできませんし、共有できないという状態が続いています。現在に至るまで、そのことについて書くことはできません。いまでは十分に距離を置いています。でも、それについて書いてはならないという責務からも解放されてはいないのです。彼女だったらそういう書き方はしないでしょうから。

ベル：ディアスポラ状態にある黒人の状況全体は、まさにこういったものだと思います。わたしたちの危機は、経済的な危機であると同様に、精神の健全さをめぐる危機でもある。世界中の人種や黒人の問題について、とりわけ家父長的な指導者が、きまって経済危機、貧困、男らしさの危機を強調しようとします。でも、精神の健全さをめぐる危機は認めようとしない。そうしようとすれば、フランツ・ファノンの仕事まで遡ることになるからです。なぜ彼の仕事を取り上げてこなかったのでしょう? なぜ、わたしたちを勇気づけて元気付けてくれる全世界の知を結集するにあたって、黒人の精神療法家や精神分析医が、世界で何百人も存在しないのでしょうか? まさに、例の危機に直面したわたしたちは、自分たちの人生や黒人という存在を支持してくれる架空の神話を作ってきたからです。わたしにとって、剝き出しの形でのアフリカ中心主義が意味するのは、まさにこれです。心の支えとなる、空想的でユートピア的な神話であって、非常に多くの人びとにとって魅惑的なのです。というのもの、まさにわたしたちが傷ついた状態にあることや、わたしたちが集団として傷を負っていることを認める作業から目を逸らしてくれるからです。

スチュアート：以前より、黒人の経験について語る際にもっとも困難な位相ですね。だからこそ、ファノンを読むことには終わりがないとも言える。理由はどうであれ、彼が洞察鋭く見通すことのできた位相ですし、現在ではほとんどの人びとが到達できない境地です。

ベル：ただ、現在では見通すことができていないというだけではなく、洞察をすることに気が進まないのです。多くの人びとは扉を閉ざすことを望んできました。じっさい、ファノンではないですが、グリアーとコッブズは、ある意味で大まかな解釈を『黒い怒り』(37)のなかで行いました。でも、ファノンの粗悪版と言ってもよく、まったく心の支えとなりません。

スチュアート：はい、その通りですね。

ベル：そうなんです。抵抗と復元力の神話では、傷ついた状態を検討することはできませんから。

スチュアート：わかります。そうした話は抵抗する能力を前面に押し出す傾向がありますし、ご存知の通り、初期の語りではそうした部分に力点が置かれてきました。こうしたことを全部承知の上で、黒人の経験全体の病理学的なイメージという考えを一方で勘定に入れ、他方ではその代価を見積もるのは、非常に困難です。こうした一方的な見方に出くわすと、きまって奇妙な感情を覚えるのです。ディアスポラ状態にある人びとは、犠牲なしに生き延びることはできないのでを

(37)　ふたりの精神科医、ウィリアム・H・グリアー（William H. Grear, 1926-2015）とプライス・M・コッブズ（Price M. Cobbs, 1928-2018）が、一九六八年に出版した *Black Rage* のこと（太田憲男訳、未來社、一九七五年）。マーティン・ルーサー・キング・ジュニアの暗殺とその後のワシントンDCでの反乱をきっかけとして、合衆国で生きる黒人の心的状況について分析した書。

すから。もし誰も調子を崩さないのであれば、心を病まざるをえない人もいなくなります。誰も不幸になることはありませんし、家族がバラバラになることもありません。人びとを抵抗に駆り立てることに加え、そうした次元を深刻に捉える必要があると思っています。そうした特定の一面的なものの見方が、アフリカ中心主義と結びついてきたというのは正しいと思います。

ベル：だからこそ、政治的に挑戦してきたのです。つまり、自伝という形式を告白として用いつつ、政治的に心の支えとなる方法を模索してきたのです。問題は、語りえないものを語りうる瞬間を知ることです。たとえばトニ・モリスンの素晴らしい小説のようなかたちをとる必要はありません。でも、じっさいに「これが起こったことなのだ、これがわたしたちに与えた影響なのだ」と言えるような瞬間です。例の若い白人女性は、ブリクストンで生活する経験について語ってくれたのですが、「毎日、四、五人の黒人男性に言い寄られる」と言っていました。男たちとのこうした出会いについて述べると同時に、そうした出会いが、どのようにしてある種の肯定的なものから白人らしさに対する怒りの状態へと移動するのかについても語ってくれたのです。すなわち、まずは白人らしさへの欲望があるわけです。それに対する怒りも存在する。あまりに多くのことがその出会いのなかで展開されるため、このことについて語ることさえしないのです。人種の壁を越えた交わりという問題が解決されたかのように、あるいは、それらは個々の人間の問題であるかのように、わたしたちはふるまう。むしろ、ある種の未解決の病理が困難な仕方で展開する遊技場であり続けているわけですが、わたしたちの認識はそこまで及んでいません。ずっと困難でした。わたしにはレズビアンの姉がいるのですが、白人のパートナーとしか付き合ったことがない。そのことについて書くのは、非常に困難でした。彼女の状況を深刻ぶらずに精神分析的に見てみるならば、わたしたちの母のようになりたくない、母権的な君臨する黒人女性になりたくないという欲望と、部分的に結びついているのです。人種の壁を越えることは、彼女には救いの場として映ったのです。

スチュアート：賭けてもいいですが、あなたの分析を聞きたくはないのでしょうね。

ベル：そんなことないです。わたしの分析を歓迎してくれましたよ。彼女は心理療法が専門なのです。事前に言っておいたのですが、そうしたことを本で読むのは傷つくとは言っていました。他方で、話さねばならないことだとも同時に思っていたようです。自身でセラピーに通えるようになるまで長い時間がかかりましたが、ほかの黒人女性に対して抱くある種の反感、欲望の対象ではないこと、不安を覚えてしまうということについて、深く考えるようになったのです。でも、わたしたちの両親やほかの親戚は、このことについて書かれると怒りを覚えるのです。わたしの場合、異なった階級権力のおかげで興味深い点があるのです。つまり、甘んじて批判を受ける必要があるとつねづね感じているのは、自分には階級権力があるからこの人たちの人生について書くのであって、彼女たちは、わたしが当人やその生き方について述べることに対し、言い返すべを持たないということです。

スチュアート：その通りです。ほかの人びとの人生を自分自身の自己啓発のための物語として利用することにより、責任を負うことになると以前に述べましたが、それにつながる話です。

ベル：興味深いのは、たとえば、ミッシェル・ウォレス[38]がフェイス・リンゴルド[39]の人生について書く場合、フェイス・リンゴルドは対等な権力の領域を手にしているため、ミッシェル・ウォレスの人生について反論できるのです。母と娘のあいだには言葉や公的な言論に対して共通の理解があるものですが、わたしの家族には公的な言論は存在しないのです。

スチュアート：同時代の人間との関係においてさえ、誰もがそのような仕方で公的な言論にアクセスできるわけではありません。あれこれと擁護するつもりはありませんが、この危うくも豊かな経験に満ちた領域を明るみに出すには、力量が求められる。でもそこには断絶があります。以前アイデンティティについて語った時に話題にしましたが、わたしたちが介入し、公的なものと私的なものが同じ領域に入ってはじめて、つながりが作られる。難しい領域です。それに、勇敢さが大いに求められる領域です。あなたが人前で語るのを聞いたからですよ。このように人前で語るのを、何度も聞いてきたのですからね。聴衆がついてくることもあれば、ついてこないこともある。綱渡りですよ。政治的なプロジェクトのために、自分を全部さらけ出すわけですから。あまり多くの人がみずから進んで行うことではないでしょうね。

ベル：そんなこと続けたくはありません。

スチュアート：けれど、自伝を書いているわけですし、これまで以上にそうしたことをすることになりますよ。

ベル：興味深いのは、人前でもっとレクチャーをしていた時は、自由に話すことができました。痕跡が残りませんから。

---

(38) ミッシェル・ウォレス（Michele Faith Wallace, 1952-）ブラック・フェミニズムの批評家。ニューヨーク市立大学で教える。代表作に『強き性、お前の名は』（*Black Macho and the Myth of the Superwoman*, 1979; 矢島翠訳、朝日新聞社、一九八二年）。同書は、黒人コミュニティやブラック・パワー運動内における家父長制を批判し、論争を巻き起こした。

(39) フェイス・リンゴルド（Faith Ringgold, 1930-）ニューヨーク市、ハーレムに生まれる。画家、作家、パフォーマンス・アーティスト。ミッシェル・ウォレスの母親。キルト画の作成で有名。

スチュアート：書くよりも、ですね。

ベル：そうなんです。録音されていないレクチャーで話すとなると、気分が楽になって経験を交えて話すことができるのですが、いざ書き留める段になると途端に難しくなります。

スチュアート：録音はどうしようもないですよね。誰もが使えるわけで、さあ始め、となる。そこにあるわけですから。撤回や修正はできません。ずっと大変ですよね。完全に同じというわけではありませんが、自分も同様のサイクルをくぐってきました。トークや人前でのレクチャーでそうした経験を用いてきましたし、書く作業よりもずっと手っ取り早い。やっといまになって、そうした経験についても書くことができます。

五　男らしさと不安

ベル：これまで以上に、男たちが献身的にフェミニズムやフェミニスト流の変容に参加することは可能でしょうか？　フェミニズムの闘争には、治療という次元もつねに存在していたからです。たとえば、元パートナーとわたしがふたりのあいだで問題を解決できなかったとき、かわりに心理療法に救いを求めたのです。続いて、啓蒙されようとして精神分析に助けを求めました。ですが、人種が話題となったり、自分たちの混乱の原因が人種特有のものとされたりすると、精神分析モデルに直ちに救いを求めることはなくなりました。じっさい、多くの黒人には、精神分析モデルをあてにすることへの抵抗が徹底して存在します。

スチュアート：違うものですよね。フェミニズムは、人種の問いをめぐる政治よりも容易にそうした変容を遂げてきました。フェミニズムのもたらしてきた一定の言葉がこうした変化を起こしてきたのですし、非常に重要なことです。ただ、自分の場合に言っておかねばならないのは、これは世代的なものでもあると思うのです。つまり、会話の際、あるいはこうした問題を掘り下げる際に、ある種の暗号のようにして精神分析用語が用いられますが、こうした傾向がうまく行っているとは思わないのです。治癒を目的としつつ語るのはそれほど容易なことではありません。確かに、わたしの個人的な文化の領域が十分に女性化されてこなかった証と言えます。キャサリンがわたしの話をしてくれると思いますが、徹底的に議論するのを好みませんし、つねに徹底した議論というものに疑念を抱いています。彼女ならごく適切に、原則に基づくのではないじっさいのわたしの姿を認めてくれると思いますが、言葉を用いて徹底して議論することに気が進まないのです。徹底した語りやはっきりと言うこと、そして心理的な抵抗を基点としつつ語ることに対して、ある意味で古典的かつ保守的と言ってもいいほどの抵抗があるのです。

ベル：話の最後に至っても、まだ議論をしなければならないわけですからね。わたしたちが迫ろうとしているのは、告白にはつねに限界があるということ、そして、行動への指針を欠いた状態での告白は無益であるということです。同様に思うのは、もしある人が素晴らしい実践をおこなっていたとしても、――

スチュアート：――その実践について熟考の上でのことではないかもしれない。

ベル：その通りです。批判的にふりかえるプロセスを経ることのない行動によって行動を変えることができるなら、経験に基づく契機によって変わることになる。

スチュアート：これまでの議論の要点をくつがえすわけではありませんが、とはいえ、公の言説が比較的に脆弱なのは、境界を踏み越えるのが困難であり、経験のそうした領域が話題となることはないからであり、それゆえ、政治的な言説となることはないからです。結果として、問題全体のある側面はけっして表に出ることはない。こうしたものこそ、社会における正義や社会の解放をもとめる運動が責任を持たねばならないものなのです。

ベル：それに、そのような解決や、解決のための試みがもたらしうる喜びというものは、わたしたちの人生を心から支える側面となることはないのです。抑うつに関する問いについて考えていました。さまざまな形での黒人の自己決定や批判的介入がことごとく失敗に終わってきた結果として、人種差別を終えることへの渇望ではなく、ディアスポラ状態にある黒人のあいだでの連帯をめぐり、敗北感が広がっているのではないでしょうか。

スチュアート：そのように考えたことはありませんでした。でも、ある意味で、そうでなかったら驚いてしまうでしょうね。敗北の領域は相当に及びますし、活動や興味関心といった局面に終止符がもたらされたという感覚を、必ずや生み出すことになります。わたしたちは別の何かを試みるべきだ、人びとはそう思っているでしょう。こうしたことはとても頻繁に、ある世代に関する変化や人生におけるステージと軌を一にするのであって、鍵となる人生の過渡期と交わるのです。これまで話題にしてきたほとんどの人たちが、六十年代にきわめて政治的になりました。現在では四十代で、五十代になり始めていますが、いったい彼らがどこにいるのか考えてみてください。過渡期としては、決まって困難な時期ですよ。女性と同様に男性にとってもですが、とりわけ男性にとって困難です。この人たちは、ある政治の面での出来事——公民権運動という記念碑とそれが代表するものすべて——を試みつつも、そうした局面の政治運動が崩壊し終焉を告げるのを目の当たりにしてきた点で、共通のジレンマを抱えている。他方で、自分たちの人生をその局面と並走したものと捉えている。すなわち、初期段階における楽観主義、希望、自発性、闘争の諸々の困難、こうした暗い時代に形成された様々な連帯を、自分の人生と重ね合わせているのです。以上のふたつが交わる地点に、この世代の人たちはいるわけです。終わりの感覚や闘争の変容が、自身の人生の変化と同時期に起こるとき、世の風潮や傾向が落ち込み、個人の領域にも同様の空気が作りだされる。そうして撤退が起こるのです。すなわち、公的な領域からの撤退、家族のなかへの撤退、個人の不安と人びとの恐怖が交わる地点への撤退です。すると、期待がしぼみ、活力や政治への熱意が失われ、気力を充実させることもできないのです。

ベル：だから、キャサリンが「ソファに行って、ソファに」というジョークを口にしていたのですね。わたしたちがどれほど個人的なことに没頭しているかについて、気の利いたコメントです。いまでは、ソファで心理療法を受けることを、政治的なものと結びつける必要があるようです。

スチュアート：確かにその通りだと思います。かつての時期は、主観的な問いに非常に敏感でしたが、一定の主観や感情を伴うジレンマについては避ける傾向がありました。そのため、ある意味で、政治の公的な舞台で展開されながらも、こうした問題の多くは個人的な位相で扱われることはなかった。人びとが一般的な状況について楽観的でなくなると、こうした問題が回帰して、わたしたちに取り憑き、動揺させるのです。そのため、主観の位相でこうした問題に向き合うことがなければ、長期にわたって希望や楽観主義を抱きながら、新しいことに踏み出したり、新しいことを始めたりすることは難しくなってしまう。

ベル：黒人と抑うつについてはほとんど書かれてきませんでした。人生において壊滅的な抑うつの犠牲者ではないし、世界中にいるわたしたち黒人はそうしたことは何とかして乗り越えているのだというフィクションが、ディアスポラ状態にあるわたしたちにしばしば宿ることになるのです。これは非常に危ういフィクションです。そうした意味での敗北や絶望、コーネル・ウェストがしばしば虚無主義という言い方をするものと渡り合うにあたって適切な環境を、わたしたちから奪うことになるからです。コーネルが虚無主義として描きだすものは、抑うつのことです。

スチュアート：抑うつと絶望の両方ですね。

ベル：そうです。

スチュアート：興味深い論点です。人種差別に対する不満でつねに存在していたのは、黒人から自身の主体的な生という豊穣さを奪おうと試み、奇妙なことに、そのことに成功してしまっているというものでした。わたしたちは人種や人種差別、さまざまな物事によって重層的に決定されている。世の中には向き合うべきことがあまりに多すぎるのです。

心から注意を払ったり、複雑な物事や親密さ、深みのあることや深刻な問題を考えたりする余裕がないために、内の領域と外の領域をまとめて、ある種、たがいに十分な連携を形成することができないのです。そのため、亀裂が存在してきました。外から見ていた時は抗議の声を上げていたわたしたちも、いまやその場に位置を占めているのです。

ベル：「百万人の行進」についてファラカーンが執筆した綱領を再読して、この点を感じたのです。わたしたちは結局のところ、世間にどのように見られているかによって決まる、だから、スペクタクルを通じてこそ、回復の感覚を生み出し、心的な回復をつくりだすのだと言っているようでしたから。でも、世界全体がわたしたちのことをこの百万の人員とみなすだろうという考えは、ともすれば、表象となることで、進行中で和解不在の心的なトラウマが存在しているという考えを打ち負かしてしまうのです。

スチュアート：ふたたび意気揚々と破壊して、場所を奪ってしまうわけですよね。でも、現実生活での弱みを取り去ってくれるし、心的なトラウマが人びとの経験にとどまっているところから、別の場所へと連れていってくれる。

ベル：だからこそ、「百万人の行進」に作用するようなジェンダー批判を作り出すことが、切実に求められているのです。なぜなら、意気揚々としたスペクタクルが終われば、仕事もないこの男たちは怒りをどこへ持っていくことになるでしょう？　低賃金の仕事をふたつ抱えたところで、人生は非常にきついままです。家庭の長としての男性というこうした考えが、敬意や服従を得るのだとしたら、考えてしまいます。当然の権利を手にすべきだという感覚が、スペクタクルによって黒人男性に与えられる。またもや、ある種の自己の表明と言えますが、にもかかわらず、そうしたことが現実には達成されないとしたら、どうなってしまうでしょう？

スチュアート：もちろんのこと、その戦略の男性的な性質は、それ自体が批判の対象とする形式と無関係ではありません。戦略的に関わる際、自身の観点で、支配や管理、スペクタクル、公的な場におけるみずからの立場について考えをめぐらし、取り戻すための作業を続けるため、あまりに多くのことが触れられないままです。すなわち、いわば女性の立場であって、その種の経験に関わるひと全員の女性的な側面です。こうした立場や側面に向けられるべき言葉が存在しなかった。訴えかけることもなかった。だから、そうした次元で問われることもなかったのです。

ベル：だからこそ頻繁に考えてきたのが、なぜ黒人男性の身体は新たな保守主義の現場となってきたのかということです。ほかの多くの人たちと異なり、このスペクタクルがたんに黒人らしさにとって家父長制をふたたび制度化するプロセスにすぎないとは思いません。むしろ、合衆国における家父長制一般をふたたび制度化するプロセスにお墨付きを与えているのです。フェミニズムはなんとかしてこの強烈な一撃に対処してきたのですが、人びとはこうした契機を間違った仕方で読解し、人種ないし黒人にとってのみ意味のあることだと考え、ジェンダーに関わるより大きな文化や物語をも含意するものだとは考えないのです。

スチュアート：そうした事態は、人種に関する文脈に特殊なものだと思われてしまう。黒人の経験に固有のジレンマを表明しようとしている、あるいは表明しているように見える、ということですね。正しい見立てだと思います。つまり、「百万人の行進」のような出来事を生み出すきっかけとなったさまざまな感情は、一般的な意味での男らしさを登録することとは、なんの関係もない。むしろ、黒人男性のみならず、その文化をになう男らしさ全般こそが問題だ、ということですよね。

ベル：ずっと力点をおいて考えてきたのは男らしさと不安についてです。男性の側からすれば、ある種の理論化を行う際に、どの程度その不安が妨げとなるのでしょうか？　批判的思考を提示する黒人思想家のことがとりわけ念頭にあります。というのも、コーネル・ウェストのような心から尊敬する男たちに絶望してきたのです。ある種の男らしさに付随する不安が視野を阻害しているために、家族や共同体についてもっと複雑な仕方で考えることができておらず、くりかえし異性愛主義的な核家族像へとわたしたちを引き戻し続けるのです。

スチュアート：そうですね、多くの論点があります。どのようにお答えしたらいいでしょうか。なぜ多くの人たちが彼のアピールに応答したのかについての理由は、つまるところ、客観的な意味での危機が、黒人男性の身体にきわめて直接にのしかかる、という点にあります。とはいえ、そこにのみ影響を及ぼすのではなく、非常に劇的なのです。初期の公民権運動の可能性は、まさに黒人男性が将来何を望みうるのかということをめぐって模索されていた、ということもあるからです。でも、限られた恩恵が非常にわずかにしか全人口に分配されていないとわかれば、見返りと思っていたはずのものが否定的なものへと変わる。すると、希望が終焉を迎え、期待がしぼみ、絶望がしのびよる。おわかりと思いますが、だからこそ男らしさと男性の立場が難しい問いでありつづけたのです。それ自体の特殊性に鑑みつつ扱われる必要がある、と考えたくもなるわけです。とはいえ、家族という文脈や女性との関係という文脈、黒人共同体における女性の位置について考えることなく、男らしさと男性の立場について扱いうるのだと言うこととは違います。こうした物事を扱うことなしに考えることなどできません。まさしく、黒人共同体について重要で深みのある再考を行う可能性は、男らしさによって阻害されているのですから。

ベル：いかに黒人共同体を考えなおすかという点になると、家父長制の規範のなかで男らしさが優先されるため、精神分析や心理療法に頼るという選択肢があらかじめ排除されてしまうのです。合衆国で台頭しつつあるタイプの物語で非常に恐ろしいのは、感じることときわめて対極にあり、感情を排した表現だということです。

スチュアート：そうですね。

ベル：ですから、そうした物語は、「福祉なんからない。黒人男性は自分の家族を支えられる」と述べる公共政策のように、具体的な帰結をもたらすことになる。それでさえ、あるタイプのフィクションと言えますが、加えて、この裏にあるもうひとつの帰結は、心的なもの、あるいは、いかなる心的なトラウマをも理解しようとすることは無駄である、という感覚なのです。

スチュアート：本当にその通りです。残念ながら、このような仕方で、わたしたち、とくに男性が心的な生にふたをしてきたのです。そのような次元を拒絶してきた。わたしたちのものではない、黒人文化とは関係ないとすることで、そうした扉を開くことに対して、ある種の障壁を設けてきたのです。

ベル：興味深い点です。「女たちへの暴力をやめさせる男たち」というグループが、コーネルに素敵な手紙を書いたのです。この黒人男性らは、虐待を受けた女性たちの運動に長らく従事してきました。短い文章のなかで彼らが非常に素晴らしい仕方で述べたのは、なぜこうしたレトリックが非常に危険なのか、ということです。でも、まだ返事をもらっていません。こうした出来事は、わたしたちの文化の魅力的な側面として、心に刻まれています。

スチュアート：フェミニズムを通して語りかけた、ということですね？

ベル：そうです。フェミニズムを通して語りかけたわけです。でも、何年も具体的な作業を積み重ねてきた結果です。言葉にたずさわるだけではありません。彼らはじっさいに、暴力の被害者と加害者双方の男性、女性、子供と関わってきたのです。衝撃を受けたのは、非常に多くの人たちが、このような男性が語るのを耳にしたくないのだ、ということです。古いタイプの家父長的な物語にこれだけの男性が関わっているという事実よりも、ずっと恐ろしいことです。このような男性がドメスティック・バイオレンスを終わらせようとする過程で、何を目撃し、考えてきたのかについて、人びとが喜んで耳を傾けるものだと考えていましたが、そうではないのです。この男たちのひとり、トゥラマンが、「性差別を撲滅させる黒人男性たち(40)」というカンファレンスで素晴らしいトークをしました。それほど参加者が多かったわけではありませんが、若い黒人男性らによって企画されたのでした。男たちのひとりがモントリオールでのある事件について話したのです。男たちが部屋を去るやいなや、女たちが暗殺者によって銃撃されてしまったという事件です。事件に言及した男性が述べたのは、「この男たちが留まったらどうなっていただろう?その部屋で起きた事件はどうなっただろう?」ということでした。非常に感動的な話でした。つまり、フェミニズムを通したアクティヴィズム内部で連帯とは何なのかという問いを提起したわけです。銃を持ったひとりの男が部屋全体の人たちを脅迫することができて、男性が全員部屋を立ち去ってしまうという事態が、どういうことを意味するのかという問いです。彼が話を終えると、ある男が内容としては以下のようなことを述べて混ぜっ返したのです。「そんなの、馬鹿げている。なぜ女たちは死ぬまで闘わなかったんだ?」とても興味深い場面ですが、こうした非常に暴力的な物語によって、男性の連帯に関する彼の論点が、ただちに消えてしまったのです。

スチュアート:ここで問いの対象になっているのは、さまざまな形をとってきた、気の遠くなるほど長きにわたる闘争の歴史です。じっさいのかたち、あるいは、個々のかたちは時代によって異なるとはいえ、核となる編成は継続し、伝達されます。耳に入ってくるものもあれば、入ってこないものもあるし、ある運動ないしある契機の意識をどのような声が形づくり担うことができるのか、どのような経験が継続して周縁化されるのかということには、長い強制の歴史がある。昨日や今日に始まった話ではない。政治的な領域の外にある多くの事柄を映しだしているのです。人びとが主体形成する際、政治的な闘技場へ引き出されることで、そのような闘争の性質のかたちがつくられたり、屈折したりする。あらゆることには、こうしたことがつきものなのです。

ベル：こうしたことを述べるなかで、階級に関するイメージこそが、こうしたグループの男たちをじっさいに際立たせているものなのだということに気づくのです。事実、運動に従事する男性らは低賃金ですし、長時間働いている。回復や抑うつについて考える際、黒人の人びと、とりわけ黒人男性の場合、彼らは現実には必ずしもソファの上ではなく、結局のところ、自分たちが感じている痛みについてどこかの時点で語ることになる。運動に従事するという認可を与えられているけれども、貧しい労働者階級の男性なのです。現在の合衆国では、とりわけ法廷に付随する

（40）“Black Men For the Eradication of Sexism”のこと。一九九五年に、ジョージア州アトランタのモアハウス大学の学生たちによって始められる。人種的には抑圧されている合衆国の黒人男性が、構造的な性差別の受益者として自己批判しつつ、そうした構造を終わらせるために結成された。

構造が非常に多く存在します。そのため、ドメスティック・バイオレンスという観点から、男性は治療のプロセスを経由するか、施設に入れられる機会を得ることになります。その結果、ますます多くのこうした男性たちが、じっさいに治療プロセスを経験しているのです。

スチュアート：英国と合衆国のあいだに、非常に大きな文化的差異が存在します。英国では、治療に関する文化一般は成長を遂げていますが、合衆国で行われている次元にはほど遠い。法廷や議会という点からも公式の文化とはなっておらず、このような介入が喉から手が出るほど必要だと認められても、ほとんどの人たちが治療プロセスの提供を受けていないという状況です。

ベル：アルコホーリクス・アノニマス（AA）[41]に対する批判をきちんと行うことはできるけれども、ある意味で、ビル・WによるAAの構想には、断酒というものがお金のかからない開かれたものであって、階級を超えて人びとに開かれたものだという側面があることがわかる。現在ではそうした側面から離れ始めていますが、とりわけ初期の頃には、ジェンダーや人種、階級という区分が存在していませんでした。あらゆる人間を受け入れて対話に参加してもらうことで、自分たちの生き方を共有したり、共同で批判的に自己をふりかえったりする。事実、とりわけ貧しい人たちや労働者階級の人たちにとっては、個人に特化した民営の治療へのアクセスがないわけですから、本当に重要な救済だと思われていたのです。

スチュアート：公民権運動の初期の頃には、黒人のあいだで類似したものが根付いていたのではないでしょうか。政治組織や闘争のための連帯の、敷居を下げる役割を果たしたはずです。組織的だったと言いたい訳ではないのですが、そうしたものの多くが、運動の始まりに存在していた。非公式な形でそうした位相での分かち合いが、数多く存在していたのです。

ベル：たとえば、教会の役割は告白と和解の場であると考えられていますが、黒人の教会が大きくなるにつれて、きわめて資本主義本位となり、それゆえ、ブルジョワ的な行為となってしまったため、告白や告解を行う場であるという考えが薄れる。その結果、わたしの弟のような人間は、三十五歳を超えた黒人男性として薬物中毒に苦しんでいるのですが、黒人コミュニティで居場所を見つけることができない。つまり、無償で助けてくれる組織が存在しないのです。彼の場合、ジョージア州のアトランタに引っ越した理由のひとつは、回復のための運動に黒人が強力に関わっている場所があるからでした。黒人が集まりを運営し、インフラを握っているのです。アトランタでは、黒人の生活における中毒についての幅広い視野に基づいた政治的な理解を行いつつ、回復のための彼自身の個人的な闘いへと結びつけることができているのです。この問題を取り上

(41) アルコホーリクス・アノニマス、通称AA。アルコール依存症解決のための自助団体。一九三五年に、ビル・W（ウィリアム・グリフィス・ウィルソン）とボブ・スミスによって設立される。世界中に支部を持つ。

げたいのは、希望を持てる場所が存在すると思うからです。でも、人種に関する言説がつねにエリート階級によってのみ取り扱われることが危ういのは、わたしの弟の場合であれば、仮に彼が博士号を取得する場合を想定してみればわかります。それよりも、自分に適した集まりでのほうが、より批判的な思考を行うことができているはずなのです。彼はそこで、どのように女性を見做しているのか、どのように女性を用いているのか、自身の中毒や共依存とわたりあうにあたって女性たちがどれほど関わってくるのかということについて、黒人男性らによって継続して突きつけられるのです。アカデミアにいたなら、こうした問題を言葉に表すよう求められたりしなかったでしょう。弟みずから述べているのですが、中毒や男らしさという自身の問題を通して考えることで、みずからの性差別や女性との関わり方について考えるようになったのです。でも、このように彼につきつけてくれる学術的な場は存在しません。じっさいに、このようなアプローチをとるにあたって、過不足なく無償のかたちで治療の機会を与えてくれることは、ほとんどないのです。このことに思い巡らしていると、あなたとわたし双方にとって、教えることとは何かと考えさせられます。自分の大学院生がこの対話のテープの書き起こしをしていたのですが、彼女自身、自分の人生だけでなく、わたしたちが話していたような問題、つまり、病気や死についても多くの問題を抱えていたのです。「この録音は信じられないほど役に立っています。自分で何をやっているのかおわかりになってないかもしれませんが」と、言われました。

スチュアート：だから、そうした位相で語るのが非常に重要なのですね。

六　フェミニズムと連帯の可能性

ベル：教えることについて、あなたと語りたいと思います。

スチュアート：そうしましょうか。もちろん、わたしにとって教えることは、あなたの場合とは異なります。距離を持って接しますから。自分の学生とそうした定期的なつながりは持ちません。

ベル：自分の人生が一定の方向性を持って進んでいたのだけれども、スチュアート・ホールの講義を聴いて、その方向性が変わってしまったと言うひとたちを知っていますよ。

スチュアート：うん。そのことは残念に思います。成人教育として行っている仕事は楽しんでいますが、対面での教授機会がないのは残念です。対面の方が楽しい理由としては、非常に公的な機会であるということを越えて、教えることにより、政治参加、主観的な経験、個人的な夢、幻滅、強迫観念や絶望といったことをめぐり、ひとつの領域ともうひとつの領域のあいだの言葉づかいを越える機会をもたらしてくれるからです。人生の早い時期に『ニューレフト・レヴュー』

や核廃絶運動カフェに関わったのを鮮明に覚えています。とても昔の関わりですし、人種や人種差別の問いに真剣に関わるようになる前のことでした。ある時点で、個人的に完全に疲弊してしまい、とても疲れて、それに心が沈んでしまったのです。

ベル：いまのわたしみたいですね。

スチュアート：理由は様々ですが、自分のやっていることを見失いそうになったのです。朝起きて、食いぶちを稼ぐために学校に教えに行っていたのですが、夕方四時になるとオフィスに行って『ニューレフト・レヴュー』の編集を始めるのです。ソーホー・スクエアから夜中の二時か三時に出る最終バスに乗って帰宅すると、数時間眠って、また教室に戻る。私生活というものがまったくありませんでした。突如として、こうしたことはやめなければならない、さもなくば、深刻に倒れてしまうと気づいたのです。生活時間が滅茶苦茶になってしまったという事実に向き合わなければならなくなった時には、疲れてはいても運動は止めようがありませんでした。運動の時期が過ぎた後も続けたいと思っていましたが、もっと早くに疲弊してしまう、あるいは疲れがもっと後で来るかでした。結局、運動が続いたところで、わたしたちにはエネルギーが残されていませんでした。それに、こんなことはもうやめたいと口にするためには、ほかの人たちからのとても多くの感情的な支援が必要とされる。とはいえ、ほかのあらゆることを諦めることと、同じではありません。政治の主体的な契機という決定的な性質をつくり変え、政治を全面的に感傷へと変えてしまい、政治を個人的なものへと従属させ、埋もれさせたりすることは、正しいとは思いません。そうした緊張感を保ちつつ、様々な人びとからなる集まりを見出し、こうした要因について、あるいはそれをだしにして、話したりできるようになる。それに、変化がうまくいかないときに支えてくれる人たちを見つける。非常に重要なことなのです。一定期間、政治活動に関わる人たち、わたしたち全員が、こうしたことを維持することについてもっと考える必要があるのです。

ベル：おっしゃることはまさに我が意を得たりだったのですが、わたしにとっては、教えることや『ニューレフト・レヴュー』のことになると、また異なります。教えることではあるのですが、自分が書こうと試みるレベルで書こうとすることについてでもあります。以前、わたしにとって、書くことがどれほどアクティヴィズムの場となってきたかについて話しました。書くことは、人びとの人生で重要な役割を果たしてきました。書くことが個人的なものの空間の内側で政治的な介入を行う限り、もっと仕事をするよう求められているのです。黒人女性のフェミニストが「百万人の行進」を批判する文章を一つも見つけることができなかったものですから、自分たちはたんに疲れているだけなのだろうか、と思ったのです。いざ書こうとしてはみたものの、気の落ち込みようが激しかった。自分が二十年前に述べていた、人種やジェンダー、階級について同じことを言っているだけじゃないか、と思ったのです。一連の若い批評家たちがこれらの問題を取り上げなきゃならない。わたしは一定期間、こうしたことから降りる必要がある。この批判のためだけじゃなく、残りの人生すべてにおいてです。だとしても、黒人の自己決定のための運動にとって喪失となることはないだろうと思ったのです。

スチュアート：そう、必ずしもそんなことはないですね。すでに言われてきたことを取り上げて取り組む用意のある人たちがいる限りは。抑うつや絶望といったことに立ち戻るならば、紙に向かってもう一度書いてみても、あまり上手くいかないな、と感じる時がある。こうしてつながるのか、自分が書いたり話したりしてきたものが、こうして橋渡しされたり、結び目が作られたりするのか、とはならない時がある。そうしたことが、非常に深いところで抑うつの原因となるのです。

ベル：なんとか見出そうとしてきたのは、自分を健康に保つ秘訣です。わたしにとって、C・L・R・ジェームズはとりわけ健康に関して鍵となる人物で、自分の健康を蔑ろにしたくないので、つねに想起し続けています。あまりに多くの黒人女性の作家や思想家が、早死にしてしまいました。人びとに言い続けているのは、あまりに多くの人たちが、非常に不均等に、悲劇的なかたちで病に冒されることがあるため、わたしたちの生活には不健康なものがあるに違いない、ということです。手当たり次第、二十人に健康問題について仔細にみてみれば、何人が病を抱えているかわかるでしょう。深刻だと思います。こうしたことを解決するにはどうしたらいいのか、自問してきました。わたしには、私生活をちゃんと送ろうとするのは容易なことではありませんでした。あなた個人の努力について話してくれましたが、わたしが自分について抱いているイメージは、教えることを終えて帰宅してから、夜のほんの少しの時間を書くことに当てつつも、そのあいだの数時間は、様々な学生から相談の電話を受けて、彼女たちが人生で進みたい様々な方向性について話したりする、というものです。こうしたことが進行しながらも、自分が安定した生活を送る場がどこにあるのだろうと思ってしまうのです。

スチュアート：このようなことを問うのはきわめて正しいと思います。この問いは、相互依存、すなわち、政治的なものと個人的なものの重なりについて教えてくれるからです。この文脈で、束縛と支配の体制が存在すると考えるのが正しいのかどうか、わかりません。わたしたちの世代は、長い期間にわたってそうした安定を求めるのが不可能であることを、自分の身体のなかで表明しようとしてきました。以前にお話ししたように、わたしたちの世代では、若い時期に病にかかると大混乱を引き起こすのです。短期間とはいえ、こうしたことが明らかになる時期というのは、つねに存在します。ですが、ある種の不安定さを完全に取り除くことができると信じるのも、空想でしょう。このことを黒人文化の文脈のなかで語っているという事実が非常に重要なのです。

ものを書く女性には黒人女性も白人女性もいて、彼女らの人生にはある種のバランスがあるという感覚があるからです。

ベル：その通りです。わかります。

スチュアート：彼女たちは、家族との生活、芸術生活、感情生活、公の生活をなんとか見出そうとしており、そうしたものによって心身を壊したりしない。むしろ、たがいにたがいを高め合っている。そうしたことが容易に行われているとか、そうしたことを言いたいのではありません。でも、彼女たちに向かって、「そんなの空想だ」とは言うつもりはないのです。でも、わたしたちにとっては空想なのですよね。

ベル：結局は空想なのだと思いますか？ わたしたちのような人は数としては非常に少ないですし。

スチュアート：そうですね。それに、歴史のなかで途方もないほどの上下がありますよね。大いなる楽観主義の時代、変化に期待する時期、それに、ある種の妥協の時代がある。とりわけ最後のものは、わたしたちが想像し、夢見たものよりも、長きにわたり、緩慢なため、すぐに効果が現れるというわけでもないのです。

ベル：あなたに関連して自分のことも考えていたのです。何人かの人たちに、わたしがあなたに話しかけるにあたってつねに抱いていたある位相での不安について述べていたとき、「元気一杯の」ベル・フックスがスチュアート・ホールに話しかけるのに不安を覚えるなんて、と驚かれました。もちろん、別の時にお話しした精神分析的な家族の物語のなかに、わたしは戻っていくことになるわけです。すると、あなたはわたしにとっての象徴的な父としての存在になりうる。フレドリック・ジェイムソンだとそうはならないわけです。生物学的な本質主義というこの奇妙なものがかたちをなす場だと言えます。とはいえ、象徴的な位相で、白人の男性思想家を潜在的に父親の様な人物として話しかけることもできるかもしれない。それでも、希求やトラウマなどが肌に刻まれているという感覚はないわけですし、わたしの実の父が持っているものでもない。すると、一緒に座って考えようとなっても、「しゃべることなんてできない」となるのです。

スチュアート：まさに以下のことを述べたときに言おうとしていたことです。つまり、「人生のこの段階に至ると、一般的な環境を生き抜くあり方が変容し、その痕跡を身体のなかに抱え、刻み込むことになる。ほかの人たちにとってそうである以上に、わたしたちにとって差異を生むことになるのです」。

ベル：このことについて考えていたのは、ひとつには、コーネルに関して言えば、シスターとブラザーといった意味合いがあるからなのです。わたしたちは兄妹であって、異なった言葉づかいや近づき方でたがいを傷つける恐れや不安を抱くことなく、ともに語ることができるのです。スチュアートと語ることができるように、どんな不安を感じていようと乗り越えなければならない。そう思わせ、後押ししてくれるのは、おたがいに連帯をするという力に敬意を示さないことで、わたしたちが弱体化してきた歴史があるからです。これは、ほかの集団の人、たとえば、白人女性の活動家と共有してきた、素晴らしい連帯を排除したり、小さく見せたりするということではないのです。ですが、わたしたち黒人は同じ民として、連帯する空間を大事にしてきませんでした。フェミニストの思想家としてのわたしは、グローバルなもの、自分自身のコミュニティ内のもの、白人女性とのコミュニティ内でのものを含む、ほかの女性たちとの連帯がどれほど存在するのかについて、強く意識してきました。インドやアフリカ、オーストラリアなど、別々の地域の女性たちと共有してきた連帯が、どれほどシスターフッドに関するわたしの思考を形成したかを述べることができます。彼女たちは、同志として支え、支持をしてくれるこのグループの一員でした。一方で、学究生活には、人種とジェンダーをめぐって激しく競争を生む性質があるため、指導的立場にある黒人思想家に、自分たちはつねにたがいに競わされており、それゆえ、潜在的に対話や連帯を持つ場ではないと感じさせてしまう。そのような点で、興味深い役割を果たしてきました。

スチュアート：その通りです。それに、イギリスでは本当にそうです。思想生活ないし学術の場には、批判的な大衆というものが存在しない。非常に狭い世界です。わたしたちの仕事すべてが、連帯の欠如によって計り知れないほど歪められてきました。徐々にではあるにせよ、歪められてきたのです。個人的には、世代を越えた連携を持つことができて感謝していると言わねばなりません。

ベル：わたしたちの生まれてきた家庭が何を生み出し、どのようなドラマが存在してきたのかという混沌とした状態へとふたたび人を巻き込むのは、まさに例の世代を越えた変化なのです。この件は、コーネルに関して述べていたことへと立ち戻らせてくれます。彼は権威ある人物として思い浮かぶことはありません。恐れたり、自分が変わらなければと思ったり、父親ならではの感覚でわたしを辱めたりする潜在的な力があるとは思わない、ということです。きわめて切実に感じているのは、たがいのつながり方に関してわたしたちが理解を深めるにあたり、精神分析のモデルを用いる黒人思想家を必要としているということです。

スチュアート：そうですね。心から頷きます。ですが、付け加えようとしていたのは、そうした世代を越えたものやその他の連携がさまざまな支援団体へと形を成すという事実があるにもかかわらず、つねに危険も存在するということです。そうしたものはすぐさま、限りある空間のなかで場を競い合うということへと変わりうるからです。

ベル：わたしもまた、これが重層的な性質をそなえているという点について考えていました。一方で、そうした不安の位相を抱えながらあなたに近づくことはできますが、他方で、対等な仲間として参加することのない場所では、会話をしたいとはまったく思いません。興味があるのは、世代の差異、経験の差異に関する認識をひとがどのように抱いているかについて語ることだけではありません。同時に、じっさいわたしがあなたを父とはみなすことのない、そうした場所を見出すこともまた、重要なのです。あなたと語り合うにつれ、生まれた家庭や過去と関係のある規範は、ますます介在することをやめるのですから。

スチュアート：ひとはそうした関係を理解するために精神分析モデルを用いる。それに、必ずしも精神分析モデルにとどまらない一連の洞察や隠喩としても用いる。この双方が重要なのは、あなたの件が示す通りです。あらゆる筋書きはオイディプス的な筋書きを配置し直したものにすぎないという精神分析モデルの用い方が、存在するわけですから。現実の相互作用で興味深いのは、そうした擬似家族的、擬似オイディプス的、擬似親族的な関係のもたらす気配と、経験や政治的なつながりを越えた関係とのあいだに、緊張感があるということです。わたしたちの世代が非常に異なり、異なった経験を背景としているというのは、その通りです。ですが、きわめて重要な交点も数多く存在します。会話の全容は、わたしたちを分つものによって縛られることはない。そうではなく、交点や重なりが存在する地点を見出すことなのです。まったく同じ効果をもたらすことはない。洞察が同じかたちをとることもある。相互作用というものは、本来そうしたものではないでしょうか。

ベル：既存の思い込みを越えて、こう述べてくれたポール・ギルロイに、つねに感謝しなければなりませんね。「本当のこと言えば、あなたには、合衆国で一緒に語ったりする男性の思想家たちよりも、スチュアート・ホールとの方がずっと共通点があると思うよ。」

教えることをめぐる話に戻ってもいいでしょうか。一方では、毎日のように教育の領域で個人的なやりとりをおこなっているのではないとはいえ、あなたが教えることによって、人びとが参加する入口をつくってきたのです。それに、あなたの教えは、かなり広範な層に向けて手をのばすことができるものだということが知られています。そのようなものは合衆国には存在しません。

スチュアート：そうですね。わたしは十分に教えていなかったと言ったけども、そのことに騙されちゃいけませんよ。

ベル：騙されていませんよ！「対面での接触」〔は十分でない〕と述べたのです。

スチュアート：そうですね。自分の時間をどう過ごすかについて、言いたいのではありません。アイデンティティのことです。わたしはつねに教えていたいのですが、それは「ずっと教室で教えていたい」と言うこととは違います。でも、自分のことをずっと教育者だと考えてきました。その言葉の価値を下げるつもりで述べてはいませんし、ほかの人たちが学んできた場所からその言葉を奪うつもりもありません。別の場所から、別の経験とともに扉を開くことができる。あるいは、ある見方が存在して、経験のあいだに共通性を見出すとする。概念という手がかりを与えることで、自身の経験に立ち戻って、異なったつながりを作り出すことができる。わたしが言いたいのは、そのような瞬間に最大の喜びを得ることができるということです。そういう意味で、自分の教育の政治的な側面に、広い意味で意識的だと思います。

ベル：あなたに興味をそそられつつ魅力的だなと思うのは、わたしとは非常に異なった立場に置かれているわけですし、ここ何年かのうちに世間がわたしたちに与えようとしてきたスターとしての地位や活動を、あなたも共有する様を目撃してきました。そうした姿は、みずからを教育者と述べる特有の政治的な感覚とかけ離れているように見えます。わたしの場合、いつの日かスター知識人となることを待ち焦がれているという出世第一主義の感覚があるというわけではありません。そんなこと、考えたこともありません。でも、そうした立ち位置が自分の仕事についての考え方と性質を変えてしまう様に、やむにやまれず向き合わざるをえないほどなのです。

スチュアート：そうですね。ですが、アメリカと英国では、制度が非常に異なります。

ベル：海を越えて、スター制度というものが流通する地球規模のシステムについて話しているのです。人びとは、合衆国に来て、講演をしたりカンファレンスに参加したりするスチュアート・ホールが大好きなのです。

スチュアート：おっしゃることに関して、どのように自分がもっとも意識するようになったのかをお話しします。わたしには習い性であるとはいえ、どれほど慎重に道筋を選んだかということについてもです。六十年代のことです。英国で黒人政治が芽を出しはじめました。バーミンガムで関わっていたのですが、ある程度は、五十年代後半にロンドンでも関わっていました。ですが、六十年代のバーミンガムの方がずっと明白です。わたしがカルチュラル・スタディーズに取り組み始めた頃、バーミンガムは黒人移民の大いなる核でした。そうした政治に関わり始めるやいなや、非常に明白なことに、指導者になってしまうわけです。わたしは中産階級で、物事を適切に表現することができた。教育も受けていましたし。

ベル：それにハンサムだった。

スチュアート：英国だと居心地がいいわけです。どこでも動き回ることができるし、制度の面で怖気付くことはありませんから。内側から知っているのです。積極的に参加者になりたくはないというわけではありません。でも、ちょっと困った感覚を抱くことになりました。カリブ海地域では、いわゆる「ドクター・コンプレックス」という言い方があって、かつてのエリック・ウィリアムズ(42)をめぐるコンプレックスが根強く存在するのです。つまり、ある時点で知識人が語るとなると、「ああ、ドクターがそのことでしゃべっているのを聞いたよ」とみなが言うのです。すると、ドクターの話を聞く時間だ、となるわけです。そのような神話的な精神と同様の重圧を感じてきたわけではありません。人びとがそうしたことを適切に表現する手助けをすることは、喜んでしてきました。でも、現実にバーミンガムで搾取されていた人たちは、わたしのような人間ではなかった。ひそかに思っていたのは、自分の足取りをちゃんと見つめる必要がある、わたしは組織の幹事をしていたけれども、このような人間が語りうるのだと思い込む必要はかならずしもない、ということです。「ちょっと待て。ほかの誰かの仕事かもしれない。その方がずっとましだ。その方が、自分よりも話すべき経験を持ち、ずっと広い範囲を足場にしているだろうから」と自戒しました。ほかにもすべきことがきまってありましたし、有利な条件や受けてきた教育のために、ほかの人たちにはなしえないことでした。でも、それではいけない、それはまずいだろう、と思ったのです。当時の英国では、カリブ海地域の状況がほとんどそのまま再生産されていました。中産階級出身で褐色の肌をしている、いい教育を受けた男子が弁護士などになり、代表する声となっていたのです。わたしであってはならない、かつてのパターンを繰り返すことに加わってはならない、と心に決めたのです。

ベル：じっさいに思うのは、合衆国で起こっていることは前向きではありませんし、再生やさらなる目覚めの兆しではない、ということです。あらゆる思想家や知識人が組織のなかにいるというのは前向きなことではありません。組織というのは、その性質からして、思考や行動に規制や制限をかけるものだからです。あらゆる黒人作家、作家一般が組織のなかで仕事を求めるということには、困惑してしまいます。でも、あらゆる場所に知識人や批判的な思想家がいるというのは、あなたが語っていたような階層を再生産しないためには、必要なことです。そうした場では、黒人らしさに関する語りが、一定の大学出身の特権的な黒人エリートからなる小さな選別された集団に媒介されたものとして、わたしたちのもとにやってくるからです。合衆国で起こりつつある事態を、多くの人びとはきわめて前向きな前進だと捉えているようですが、わたしは、保守化する動きとしてずっと危険だとみなしています。というのも、ほかの階級の人が自分の生活に根

(42) エリック・ウィリアムズ（Eric Williams, 1911-1981）トリニダード出身の歴史家で政治家。代表作に『資本主義と奴隷制』（中山毅訳、ちくま学芸文庫、二〇二〇年）、『コロンブスからカストロまで——カリブ海域史、一四九二〜一九六九』（Ⅰ・Ⅱ、川北稔訳、岩波現代文庫、二〇一四年）。五十年代半ばに政治家になり、トリニダード・トバゴの初代首相を務めてから亡くなるまで、政治の表舞台に立ち続けた。

ざした本当の言葉で語ることを不可能にしてしまうからです。たとえば、アトランタに住んでいたときに、「暴力を止めさせる男たち」で活動していた黒人男性らと別々の機会に仕事をしたことがあるのです。「なぜ本を書かないの?」と話しました。わたしのような立場の人間からしてみると、現実の生活でフェミニズムを実践してきた黒人男性が存在することが知られるためには、本を書くのが手っ取り早いと思ったのです。でも、彼らの自己認識と言えば、こんな感じでした。「笑うなら笑ってほしい。まず、どこに本を書く時間があるんです? 給料はほとんどもらっていない。仕事の種類によっては、一日に二十四時間、ポケベルから目を離せないということもよくあるわけです。多くは家族持ち。となると、どこに本を書く余裕があるのでしょう?」そうした認識をつねに受け取ることになるものですから、物語には複数の空間というものが存在するのであって、学術書は手元にある唯一の言論ではないのだという分別を、つねに忘れないようにし続けているのです。共依存の更生プログラムについて考えるだけでも、一定の言論が発生している場だと認識することができます。そこでは、ベル・フックスの本を読むよりも多くの黒人男性が、性差別やジェンダーについて考えるよう促されているのです。わたしの本へと導いてくれるかもしれません。「テクスト」の生産を特権視するのではなく、そうした場所の存在が有効なのだとつねに証明したいのです。ごく最近、黒人の男らしさに関するある「テクスト」を読んだのですが、きわめて気がかりなのは、著者がとても説明的であり、これが文化理論ではなく、文化批評だと述べていることです。それに、政治への分析が一切ないのです。まるで、政治闘争を出自とするカルチュラル・スタディーズという学問全体が、どうしてだか、無味乾燥で参考文献がやたらと多いものへと変容してしまったかのようです。全部がお行儀よく書かれているけれども、結局のところ、読者のことを考えていないし、叙述に終止するばかりで書き手の意図が見えてこない。そのため、カルチュラル・スタディーズの欺瞞といった問いを提起することになりました。このような作業に携わると、当初目指していたものはこんなものじゃない、結局のところ、きわめて無味乾燥な作業で、文化に関する学術的な文芸批評にすぎないと思うようになりました。政治的なものに根ざした書き手の意図や広範囲の聴衆という感覚が、まったく存在しないわけですから。

スチュアート：もちろん、知識人が自己の場所を見つける可能性を不要にしてしまう、というのは行き過ぎだと思います。「わたしは語ってはならない。代わりにあなたが語るのだ」というかたちでの、たんなる責任の放棄になってはいけません。他にもすべきことはあります。ある種の仕事、ある種の著述、人びとに対するある種の語りかけ方は特権視されています。でも、それだけでしょうか。あくまで、仕事が行われている領域のひとつにすぎず、それが唯一価値のある仕事として提示されているにすぎません。ですから、そうしたことにきわめてうまく関わることのできる人たちだけが、本当に価値のあることであったり、重要な仕事をおこなっていたりする、ということになるのです。

ベル：個人的に考えているのは、批判的に考える黒人思想家としてのわたしたちは、一般的にディアスポラ状態にある黒人の経験や、合衆国でのわたし自身の立場に照らして、階級の問いに本当に直面することができているのだろうか、ということです。まぎれもないアメリカの現実として、貧困層や労働者階級出身の人びとはほとんど博士号を取得することができませんし、将来こうした人間はさらに少なくなるのではという危機感が増しています。疑問に思うのは、こうしたことをちゃんと表明し続けていけるのでしょうか。興味深いことに、たくさんの人たちがデュボイスに立ち戻って、「才能ある十分の一」という概念を引き合いに出しています。しかし、のちのエッセイでは、「才能ある十分の一」という自身のユートピア的な構想から離れて批判しています。つまり、少数のエリートが、人民に奉仕し、教育者となることを望み、経済や教育のリソースを共有したいと願う姿からは距離をとっているのです。むしろ、そうした構造を産んでいる全体を問うているのです。貧しいものたちに奉仕する草の根のブラック・ナショナリズムが存在するかぎり、特権階級の黒人には、語りかけるドクターという姿が、斬新な知識人のあり方として、差し出されつづけるのではないでしょうか。

スチュアート：同意します。本当に深刻な問題です。このところ考えようとしてきたのは、ブラック・ブリティッシュの文化のなかで、九十年代というこの特定の時期に、顕著なパターンが形をなしつつあることについてです。つまり、この文化の内部で、内在的な階級構造が極めて明白に刻まれつつありますが、以前には存在しなかった事態なのです。合衆国ではさらに顕著な事態です。ずっと規模の大きい場で展開されているため、問題の全容は異なります。ここでは、あらゆることがずっと遅れて起こるために、黒人作家の共通の立場というものが、しばらくのあいだ階級問題を見えなくさせてきました。階級を抹消したわけではなく、見えなくさせてきたのです。当然のことながら、展開するプロセスを見れば紋切り型ばかりで、解決法といえば機械的なものです。異なった少数民族集団のあいだ、アフリカ系カリブの人びとからなる集団の狭間にいる黒人、階級間の抗争といった点で、階級という要因が役目を果たし、メディアに登場する。社会階層を記入するという視野を持てる民族的少数派は、いまや黒人文化というこの目論み全体に対して、明確に別個の姿勢を貫いています。黒人文化は多数派に対峙することになるわけですからね……。

ベル：合衆国で不安になってしまうのは、みずからをごまかす仕方です。黒人の学者について、その点ではどのような学者についてもですが、年に百万ドルも稼いでいると話すことなどできないという時期があったのです。ですが、皮肉なことに、こうした階級の溝がありながらも、黒人らしさが堅固なものとして想起されるのです。コーネル・ウェスト、ルイス・ファラカーン、ジェシー・ジャクソンやこうした黒人男性の指導者たちが、差異をものともせずに、人種や人種差別に対峙するという枠組みをめぐって、なんとか参集せねばならないという前提があるのです。

余談ですが、「百万人の行進」について文章を書いたときに触れたのは、ファラカーンは綱領のなかで、人種差別や白人至上主義にはほとんど触れておらず、じっさいに触れているのはジェンダーのことだという点です。この件は非常に興味深い。なぜなら、人種差別という危機は非常に深刻なため、あらゆるほかの差異は見過ごして、ある種の人種に基づいた連帯をもとに集わなければならない、というごまかしがあるからです。ですが、こんなにくだらないことはない。なぜなら、こうして人びとを寄せ集めているのは階級をもとにした連帯ですし、彼らが死守しようとしている階級の利害関心は、ある位相でまさにみずからが批判しているものだからです。

スチュアート：ずっと問題だったのは、人種があらゆる物事に特殊性を付与してしまうことを、どのように受け止めるかということです。人種と階級について適切に語りつつ、一方を他方へと還元することのない政治言語を見つける作業が、うまく行った試しがありません。本当に複雑な分析を必要とするのです。

ベル：まさに、ウィリアム・ジュリアス・ウィルソン(43)が『人種の価値衰退』のなかで試み始めていることです。でも、人びとは本を読まずに、考えそのものに反対しようとする。そのため、人種が重要でないと言おうとしているのではなくて、個人の資格や地位といったものが、階級によってますます媒介されるようになるという彼の主張が、じっさいに見えなくなっているのです。

完全に正しい主張です。

スチュアート：そうですね。多くの人があの本の論旨を完全に誤解しています。都市部の貧困層に焦点を当てた新著が出ましたが、同じ主張に立ち戻っているようですね。

ベル：部分的には、彼のものは保守的な立場からの分析であり、そうした知を保守的な立場から位置付けるわけですから、衝撃を与えたり急進化を促したりはしないわけです。だから、人びとはもっと疑い深くなるわけです。自分の仕事でもこれまで以上に階級について語ろうとしてきましたし、まだ十分に思考し尽くしていません。とはいえ、批判として提起しようとしているのは、黒人の特権階級、すなわち、わたしが黒人の特権階級とみなす者たちが、貧困であっても尊厳と誠実さに満ちた生を送ることができると語ることに対して、完全に及び腰になっているということです。じっさいに起こっているのは、こういうことです。つまり、黒人の特権階級はホレーショー・アルジャー風[44]のイメージは批判するかもしれない。けれども、個々の人間は名声と栄光、

(43) ウィリアム・ジュリアス・ウィルソン（William Julius Wilson, 1935-）社会学者。ハーバード大学教授。本書で言及されるのは、*The Declining Significance of Race: Blacks and Changing American Institutions* (1980)。日本語訳に『アメリカ大都市の貧困と差別──仕事がなくなるとき』（川島正樹／竹本友子訳、明石書店、一九九九年）など。

経済力を手にしうるのだと考えている点でこの同じフィクションに参加しており、その結果、唯一生きるに値するのは、物質的に豊かな人生であると振る舞っている、ということです。これでは、わたしたちのほとんどが生きている現実が否定されてしまう。ほとんどの人が物質的な豊さへの道を進むことがないと気づいているなら、この人らは意味のある人生を送っていないということなのでしょうか？　悲観的になってしまうのですが、物質的な豊かさを手にするという観点で人種の地位向上を語ることにより、階級という観点をぼかしてしまっているということです。価値に関する階級特有の語りを、良き生とは何かということを否定しているのです。もしじっさいに、良き生というものは素敵な家に住んで、上質な車があるということでしかないなら、貧困地域で黒人が黒人に振るう暴力を前にして、どのように言葉を紡いだら良いのでしょうか？　というのも、わたしたちはすでに、物質的な豊かさがなければ良き生は送れないと述べてしまっているからです。

スチュアート：そうですね。大きなジレンマだと思います。現実に存在する昔からある排除に対して、人びとに折り合いをつけさせるかのように聞こえる危険をおかしてしまっているからですよね。でも、そうしたことを語りたいわけではないのです。反対に、物質中心主義的な考えを基にした階級という、非常に現代的で切り詰められた概念と関連があるのです。かつては、黒人コミュニティについて、誰もそうしたことは述べませんでした。そうしたことを言うなんて、想像もつかなかったのです。

ベル：わたしたちが労働者階級であって、両親が貧困層の出自だという事実は、わたしたちの視座を広げることを妨げたりなどしない。そうしたことを継続して告げられることがなかったなら、こうしてあなたに語りかけたりなどしないでしょうね。

スチュアート：問いは階級と関係していることなのです。現在の階級というものが、ある種の金融部門や、ある種の急速に頭角を表しつつある新たな様式やシステムと緊密に結びついている。そうした特定の結びつき方が、現在の階級を問う際に問題となるのです。膨大な量の物質的な支えがなければ、そうした特殊な「良き生」を送ることができないという思い込みは、以上のような文脈を背景としている。それが良き生のイメージであるならば、なしうることの唯一の基準であると考えるほかありません。参照点として古い話をすれば、物質的な機会の欠如はきわめて深刻な障害だと人びとは理解していましたが、きちんとした仕方で、倫理的に生きることができないということは意味していませんでした。良き生とは何か、倫理的選択とは何か、子供に希望を

---

(44) ホレーショー・アルジャー(Horatio Alger, 1832-99) 合衆国の作家。少年向きの立身成功譚物語を多数書いた。転じて、「腕一本で叩き上げた人」という意味。

託すとはどういうことか、何が正しくて何が間違っているかという内在的な道徳概念をどのように子供に伝えるのか。人は、そのような観点に立って世界を理解する。こうしたことはすべて、自分が社会のどこに配置されていようとも、伝えることができるのです。

ベル：これこそまさに、右派やキリスト教右派の興隆が、アメリカの黒人に大きな影響を与えている理由です。キリスト教原理主義の空間内部でこそ、物質的な過剰が、幸福で価値を帯びた、意味のある人生への唯一の道であるという考えを否定してくれるからです。ジム・ジョーンズ(45)のカルト宗教に参加する黒人の人びとの証言には、つねに驚いてしまうのです。信者たちは、これまでに足を踏み入れたなかで、人種によって判断されることもなければ、階級も問題とならない唯一の場所だ、と言うのです。誰もが、物質的な特権を脱ぎ捨てるよう求められる。わたしにとって、非常に興味深い運動です。人種を基にした連帯に関して理解し、歴史を把握する作業が、ますます多くの黒人が右派へと立場を移していることによって、本当のかたちで問われているのです。事実、合衆国では多くの黒人が死刑を支持しており、多くの黒人が中絶反対の立場をとっています。そのため、六十年代に黒人ならば支持するだろうと想定されていた多くの進歩的な指針が……たとえば、六十年代に女性と仕事に関する調査を行えば、白人男性よりも多くの黒人男性が、女性は働くべきだと答えたでしょう。ですが、あらゆる階級に家族と男らしさについてきわめて保守的な考えが行き渡っている現在、同様の調査をしたなら、そうした反応を得ることはないでしょう。

スチュアート：英国でもその通りかどうかは定かではありません。キリスト教右派の影響はそれほど強くはないからでもあります。でも、存在感は増していて、これからもっと増すことでしょう。たとえば、初めて総選挙で中絶が焦点となります。六十年代に妊娠中絶法が通過して以来のことです。もちろん、ある種の教会におけるキリスト教的な慣習と、根深く存在する保守的な社会への展望のあいだに関係がないとは言いません。

ベル：ラップ・ミュージックやある種のかたちのブラック・ポピュラー・ミュージックなど、世界を股にかけている音楽のことを考えてみれば、非常に保守的なメッセージが根底に存在します。プリンスのことを考えてみましょうか。ラディカルで両性具有的な、我らがプリンスです。彼はいま、ふたたび神を見出したのだと口にしていて、人生の一大事といえば子供を持つことのようです。その結果、あらゆる文化の領域、とりわけブラック・ポピュラー・カルチャーの領域で、

(45) ジム・ジョーンズ（James Warren Jones, 1931–1978）アメリカ、インディアナ州生まれ。カルト宗教ピープルズ・テンプルの教祖。一九七八年、ガイアナのジョーンズタウンにあるコミューンにて、九百人近くに及ぶ信徒とともに大規模な集団自殺を行ったことで有名。

同様の感覚が行き渡っているのです。こんな態度は絶滅寸前でしかない、かつてならほぼそう見做されてきました。それがこの始末です。保守的なブラック・ポピュラー・カルチャーを代表する声には、もはや富も居場所もある。現状はこうした事実によって媒介されているのです。かつての時代だったら、こうはならなかったでしょう。ポピュラー・ミュージックの場で、いかにして黒人らしさが存在感を見せつけるのかということには、境界侵犯が必須でしたから。

スチュアート：正しいと思います。奇妙なことに、こうした事態はある領域から別の領域へと翻訳できるわけではないので、ラップによってはいまだに攻撃性や境界侵犯を売り物にしています。この文化の根深く保守的な側面ではありますが、一般的な傾向として、もっと奇態を演じるよう促されたり、もっと知れ渡ったりするよう後押しされているのです。若い黒人男性からなるグループのことをとても気にかけています。自分たち自身の黒人らしさと実に調和している。自分たちの黒人らしさについて悪びれたりすることはない。黒人文化、ポピュラー文化、黒人音楽のそうした方向性にのっとった生き方をしている。確かなのは、成功に関して因習的な考えを持っており、セクシュアリティや「家族規範」にお墨付きを与える関係については、きわめてストレートで異性愛的です。路上でそうしたことの実現を目論んでいるわけではありませんが、彼らが何に対して公に賛同を示し、目標とし、価値を見出しているのかを見ると、とりわけセクシュアリティに関して、きわめて保守的な見方が支配的なのです。

ベル：こうした傾向は、主流を占めるようになると起こることなのでしょうか。誰か論じたことがあるのでしょうか。たとえば、コーネル・ウェストのような話し手が言及されるときには、かつてであれば、「社会主義」や「左派」のような言葉が付随していました。政治的に境界侵犯を行っているという感覚があったのです。現在、もしウェスト博士に言及する最新の新聞記事や、彼の述べていることを十件集めてみても、そうした言及は見られないでしょう。

スチュアート：コーネルは、わたしたちの見方では確かに保守ですね。

ベル：いや、たんに言葉の効果について述べようとしているだけです。どちらかと言えば、リベラリズムの言葉づかいに近いと思います。主流になるという作用には、ある種の保守化の動きが要請されるのではないか、そう思いませんか。

スチュアート：実質的にリベラリズムが、政治を語る言葉として、価値ある唯一のものになってしまったのです。そういう政治的な時代にわたしたちが存在していることは、忘れないようにしましょう。土台となるに価値のある唯一の言語、わたしがなんとかして掘り起こしてきた議論のすべては、リベラルな立場という枠組みの内部で起こっている。こうしたことは、黒人政治にのみ当てはまるのではなく、政治一般にも当てはまることです。残されている唯一の地平なのです。

もちろん、保守的なものと比較してみれば、とりわけジェンダーのリベラリズムは重要です。この立場がどれほど大胆な代替案を構想しているのか、合図の送り先であるユートピア主義者はどれほど裕福なのかという側面になると、空間は非常に限定され、きわめて予想可能となるのです。

ベル：学生の一人が電話で教えてくれたのですが、映画を扱う大学院の授業に参加していたとき、たくさん読んだなかで、ベル・フックスの書いたものは含まれていなかった。この点が提起された時になされた批判は、わたしはたんにあまりに目立ちすぎる、というものでした。また、ミッシェル・ウォレスに論文で批判された時、わたしが用いる「白人帝国主義者で資本主義的な家父長制」というジャーゴン的な言い回しを茶化していました。ですが、そのことが示唆していたのは、わたしたちは資本主義批判を継続しなければならないという現実です。黒人の学者は、ほかのどの集団よりも抑圧的になりがちです。

スチュアート：こうした事も、変化のうちに数え上げられるのでしょうね。わたしたちの念頭にあったのは、階級の問題に立ち戻るなら、以下の通りです。すなわち、人種と階級の交点を十分に突き詰めて考察すれば、ある決定的な時点で、みずからが述べようとしていることに関して何が反資本主義的な次元なのかを問う必要性に逢着するだろう、ということです。同じことは貧困についても言えます。不平等についてもしかりです。必ずしも、みながマルクス主義者である、みなが社会主義者、あるいは同様のものである、ということではありません。ですが、分配システム全体と取り組まねばならない地点が確実に存在するのです。

ベル：あなたに会いに英国をおとづれる、ブラック・ブリティッシュの思想家やその他の人たちに会いに行くということには、そうしたことに取り組むことができる――

スチュアート：そうした困難な状況に取り組むことができる、ということですね。同時に、たいていのラディカルな人びとに漂うリベラルで不健全な雰囲気のなかに降りてゆく、ということでもあります。たいていのラディカルな人びとは、自分たちの言い分を述べるでしょう。たとえあなたが知っていたとしても、です。おわかりのように、問題はどこか別のところにあるのです。でもじっさいには、リベラリズムが存在する場所に亀裂をもたらそうとするところに由来するのです。一九八九年以後の世界に生きるということは、こうしたことを意味するのです。

ベル：だからこそ、わたしたちが生き残るために、ディアスポラ状態にある人びとの連帯が、ますます必要とされるのですね。

スチュアート：そうです。でも、警告しておかなければならないのは……

ベル：どうぞ。

スチュアート：ラディカルな理想について語る言語はここ英国で生きていますし、活気がありま す。しかし、ディアスポラの人びとの場にふさわしいものとして、人びとが巧みに養い、蓄えてきたから、というわけではありません。

ベル：たとえば、あなた自身の場合を考えてみて、以下のように述べるとしたら角が立ち過ぎるでしょうか？　つまり、ご自身の口をつぐむ必要がない理由として、主流のスター街道をひた走ってきたことがあげられるでしょう。同時に、支持層ないしファンクラブのようなものを持とうとしてこなかったこともあるのでしょうね。

スチュアート：それはその通りです。主流のなかにいるかぎり、その必要はありません。英国で政治の場にいる多くの黒人と比較した場合、わたしは主流と妥協してきたとみなされています。実情はそうではありません。主流と交渉する場は危険に満ちているという事実を気にかけていま す。いつもうまく行くわけではない、ということもわかっています。でも、これが交渉であることはつねに意識している。非常に注意深い、戦略的で戦術的な行動が求められるのです……人はチャンスがあれば主流に足を踏み入れることを選びます。勝つこともあれば、負けることもある。

開かれた場ではありません。自分がしていることを考えずにその場に居る時間が長くなりすぎると、次第に上品な言語を喋るようになり、批判の矛先を鈍らせてしまうことになる。主流の場から締め出されたままであるべきではないと思います。しかし、主流の内部に足場を確保するならば、自分に対するユーモアが必要とされますし、そうした強靱な批判的感覚こそが求められるのです。

ベル：自分の仕事に関して言えば、主流に食い込んでこなかったとは思いません。ですが、そうした試みに当たってラディカルな言語やこれまでにない思考を手放したりすることはありませんでした。理論を提示するだけではなく、人の心に訴えるということも、諦めたりはしませんでした。わたしたちは、人生を献身的な仕方で生きることを求められているのです。究極のところ、理論が試されているのではありません。ですが、これらの理論を手なづけることで、生きるための具体的な戦略へとどれほど活かすことができるのかということに、かかっているのです。どれほど上手く、雄弁に理論化しうるのかということだけではないのです。

スチュアート：形だけのパフォーマンスになってしまいかねませんね。

ベル：こうしたことのどこに愛の場所が存在するのでしょう。この点について話して、終わりとしたいと思います。

スチュアート：そこに立ち戻ると思っていました。

ベル：パウロ・フレイレは、対話と愛の関係について一貫して話し続けてきました。この対話を通じて、どれほどあなたに近づけたのだろうかと考えてきました。少し巻き戻せば、「ソファー」という考えに戻るという、キャサリンの手になる比喩にどれほど頼ってきたか、のちほど是非とも彼女に伝えてください。ある位相で、とりわけ批判的かつ究明を信念とする反省的なこの対話の場で、「ソファー」は何を意味するのでしょう。この問いを掲げたいのは、あまりに多くの対話本が出版されているために、一抹の悲しさを覚えてしまうのです。大概において、売らんかな精神が顕著だからです。そのため、この会話の性質を、連帯のための闘争という位相に位置付けてみたいのです。黒人の男女がある領域で対話を行うことが重要なのだ、という認識を作りたいのです。そこには関係の詩学とエロスも含まれる。けれども、そうしたことに特化した領域ではない。スチュアート・ホールをものにしたいとか、彼と性的ないし官能的な仕方で共に過ごしたいということではありません。そうではなく、男性と女性の価値をじっさいに理解すること、とりわけ、黒人男性と黒人女性が別の仕方で語り合い、自分たちの存在を高めあうことの価値を理解することができるのかどうか、ということです。

スチュアート：愛が中心にあると述べていましたね。その通りだと思います。愛はいろんなことを意味しますから。会話のことでもありますよね。まさにこれだ、という会話です。これ以上ないという形で会話を生み出すことは、喜びでもあります。発明の精神とも関係があります。そうした会話のなかでふともたらされることもあれば、手がかりを失ってしまうこともある。新たなものが登場すると、境界が曖昧になる。あれでもない、これでもない、狭間の空間が立ち上がるのです。

ベル：まさに、あなたとのこの会話で感じていたことです。コーネルとの会話とは非常に異なっていました。その時の会話ではかなり秩序立てて、一連の質問を投げかけたりもしたのですが、あなたとの場合、疲れたら休憩し、飲み物に手を伸ばして、「ああ、そういえば、抑うつと愛、死について話していましたね」となるわけです。

スチュアート：ですよね。ふたりで何の話をしているのかと聞かれたら、「そうだ、人生に愛、死や性のことだ」と答えています。

ベル：この会話のメタファーとして、ジャズについて考え続けています。即興の概念ですね。わたしたちのどちらかがあることを喋ると、もう一方が応答する。けれど決まった体裁があるわけではない。

スチュアート：そうですね。ジャズならではの、ある種の即興的なアプローチに似ています。

ベル：リフもありますしね。

スチュアート：内在的な論理があるからこそ、即興が可能になるのです。この音楽をあまり好きではない人に向かって良さを説明できないという点も、ジャズに似ています。ジャズでは、したいことはなんでもすることができるという意見を聞きますし、確かにそうなのです。形式の内側にあることに加え、それとは異なることもすることができる。つねにそれ自体に構造が欠如していることを表明している一方で、自由気ままに、心に浮かぶものをなんでも演奏していいというわけではない。ほとんどのジャズがそうですし、たいていのジャズは好きですが、まさにそうした理由で、完全に形式から解き放たれたジャズはそれほど好きではありません。創造性という観点からは素晴らしいものがあるけれども、まさに緊張感というものが欠如しているのです。重要な点です。この会話は「何かもっと素敵な言い方はないだろうか？」といった類のものではないのです。真実ないしは洞察に近づこうとしているわけですよね。会話が最初に始まった地点の場所から、少し遠くへ視点を伸ばしてみてもいいでしょうか？　重要な問題です。そこで投じられているものは、一定の型の構造、一定の型の刺激や方向性を付与することになる。それでも、あちらではなくこちらの方向に進むことを妨げはしないのです……。

ベル：こうした会話が行っている介入のひとつは、批判的な論文のヘゲモニーに対抗することです。大衆的な教育モデルが失われたのは、専門の細分化により、ある種の学術的な論文を書くということが終身在職権と結びつくという事態を招いたからです。こうしたことは、じっさいに大衆に奉仕するということや、授業料を支払って教室に来ることのできる学生に奉仕しているだけではないということとは、何の関係もないのです。論文専門誌に二十ページほどのものを書いてくれないかと頼まれると、辟易してしまうのです。二十ページも費やして、考えたことが人びとに届かなかったとしたら？　数段落で同じことを述べることができるなら？　わたしたちの用いているこの形式でしたら、そうしたことが可能ですし、もっと多くの人びとの手に届くようにすることができます。

スチュアート：そう思います。

ベル：確かに、コーネル・ウェストとの共著『食を分かち合う』がそうしたことを証明してくれました。「仕事から帰ってきて本を開く。一ページでも読んでみると、面白いアイデアが目に飛び込んでくる」、と多くの人たちが言ってくれたのです。

スチュアート：腰を下ろして二十ページも読んで、脚注にまで目を通す必要はないのです。本当にそうですよ。もっと開放的に編まれた形式ですから、読者が目を通したり、本の世界から離れたりすることができるし、様々な場所で会話に没入することができる。わたしたちの会話には、多くの場面で第三、第四の参加者がいてもいいわけですし、話題としてきた多様な人びとや伝統が会話に入り込んでいるのです。その人たちの存在も認める必要がありますよね。

ベル：だからこそ会話は、余計なものを多く燃やす錬金術のようなプロセスだと思うのです。さらに音楽のメタファーを使用するなら、結果として高音を出すことができる。でも、放っておいたところで到来するものではない。むしろ、多様な場所で追求してきたからこそ、その結果として、対話という場で最高の結果を迎えることができる。多くの物事を克服できるように、あなたと同じレベルで試合に取り組んでいる人とバスケットボールをしているようなものです。あなたが別のレベルの人を演じるとしたなら、今度はみずからそうした動きをしなければならないのです。

スチュアート：そうです。制限超過荷物を取り除くのです。そうした方がいいわけですから。学究生活には思考の正確さが求められるし、議論を理性的に運ぶことが特権視されるけれども、それに付随して、くだらないことが大量についてまわる。学術界で人びとが行っている仕事を見てみれば、じっさいに言葉として発話されている分量は、読まなければならないじっさいの語数の五分の一ほどに過ぎません。ここでは、別の作業を行っているわけです。

立ち戻って述べたいのは、それこそ愛はどのように、しかも、単純ではない仕方で、相互依存を基盤としているのか、ということだけではありません。結局のところ、愛と相互依存は語りえないのだということに帰着するのです。さらに、非常に既視感があるかもしれませんが、愛は他者にとっての喪失に関するものであり、他者の場からの声に関するものである。こうしたあり方すべてにおいて、会話が雛形であるとつねづね感じてきました。愛の雛形なのです。存在する唯一のかたちというわけではありません。会話に精通する者たちには、ある意味で前向きなことなのです。

ベル：多くの人が、寛容の精神を公共空間にもたらす人として、あなたのことを見ていると思います。そうした場は、互いに競合する独演会になりがちですから。事実、パネルに四、五人招かれていても、対話はほとんど起こりません。声の優劣を競うということはきわめて頻繁に起こるわけですが、あなたはそうした場ではつねに、学びと批判に満ちた寛容な空間を維持しようとしています。あなたと共有しつつ、わたしたちを引き合わせたものは、思考の喜びにほかなりません。痛切に感じてきたことなのですが、わたしは思考に取り組んできたのであって、人びとのための知識人として存在するということ取り組んできたのではないのです。

スチュアート：そうですね。思考あってのものです。

ベル：そこに断絶が生じるのです。たとえば、あなたとわたしでバスケをしている様を想像します。ふたりで特定の思考を抱えたまま、コートに飛んでいく姿が浮かびます。興味深いのは、あなたかわたしのどちらかが何とかしようとしなかったら、最初の一連の会話と後半の会話のあいだに溝ができてしまったのではないか、ということです。この溝でさえ、その最中に多くのことがあったために、結果として、流れに属するものとなったのですが。

多くの人がわたしに向かって、せせら笑うように言うわけです。「まあ、あなたとスチュアート・ホールなら、たがいをたんに愛撫する以上のことにはなるんじゃないですかね」って。興味をそそられましたよ。スチュアート・ホールとわたしがたがいを愛撫しあうイメージを思い描いてみれば、悪くないんじゃないかと思いますから。人びとがジェンダーを越えた対話を巡ってこうしたイメージを作り出すのは、どういった意味があるのでしょう？　コーネル・ウェストとスキップ・ゲイツが対話を行うと耳にしたところで、「たがいに食ってかかりはしないだろうか？ぶつかり合ったりしないのだろうか？」といったことは、思い浮かんだりしないと思います。ですが、わたしたちがジェンダーの分断を越えようとすると、なぜこうしたぶつかりあいが起こると直ちに予想されるのでしょう？

人びとに理解してほしいのは、喜びに満ちた思考の戯れには、表層下でぶつかりあいがあるということです。この溝のおかげで、こうしたぶつかりあいについて考える場を持つことができたのです。いざ落ち合う段になると、ぶつかりあいの段階は必ずしも支配的ではなくなる。かといって、そうした段階が存在してこなかったというわけではないのです。

スチュアート：そう、もちろんそうではありません。そうでなければ、同じ立場で対話を行ったところで、完全なナルシシズムのかたちを取ることになってしまう。ちょっとした機械の不調のようなものです。あれこれの立場をめぐって闘争や駆け引きを仕掛けたり、鋭く対立したり競争したりする必要は、必ずしもない。溝があるからこそ意見は重なるのだし、差異とともに反復もある。それまでの会話の緊張感や流れを有利に働かせることができる。だから刺激的なのです。ひとつ確かなのは、始まった場所で終わることはないし、事前に予想していた通りの着地点で終わることもないのです。

ベル：わたしにとって非常に感動的なのは、この一連の会話を故郷について思い起こすことから始めましたよね。うちとけた対話と相互作用の空間は、このような場から始まったのでした。興味深いことに、故郷に帰ることについて、あなたになら幾分か語れるのでは、と思ったのです。ファノンに関して頻繁に考えたことで、彼の分析の多くの弱点を作り出していると思えるのは、彼が故郷に帰ることができないということです。つねづね感じていたのは、もし彼が批判的な精神をふたたび故郷へと差し戻し、故郷への旅路についていたなら、さらに深い洞察を得られていたのではないかと思うのです。

スチュアート：わかります。そう思いますよ。いや、うまく収まりつつある話の腰を折るわけではありませんが、自分の場合、あなたほど故郷について考えることはないと思います。故郷は愛が宿る場所ですね。

ベル：そうです。愛こそひとが帰ってゆける場所です。多くのことが起こりうる可能性に満ちた場所ですから。愛の場所にぶつかりあいがあると、しばしば、差異に満ちた剝き出しの場所や完全に親密さの欠けた場所から始めたいと思うこともある。人びとが互いにどれほど長く付き合っているのかわかりません。おそらく最近、中断や終焉、喪失についてたくさん考えていたからでしょうか。ですから、危機に瀕しているのは、たがいにある種の運動を追い求める意志なのではないかと思うのですね。

スチュアート：わかります。けれども、どうして故郷に帰ることについて語るのでしょうか。

ベル：「故郷」を承認とほとんど同じ意味で用いているのです。

スチュアート：それなら納得が行きます。

ベル：ファノンについてのアイザック・ジュリアンの映画を観ると、たとえば不完全さというものが思い浮かぶのです。けっして承認される場所を見出すことはないけれども、つねに切実に焦がれている囚われの人というイメージです。

スチュアート：そうした承認状態の喪失は、故郷をあきらめることと地続きですね。

ベル：そうです。でも、フェミニズムには、故郷に関する批判的な言論が長らく存在してきました。故郷は維持するにせよ、故郷に関する考えを更新し続けることに対しても、批判は向けられてきました。ですから、わたしにとっては、故郷はケンタッキー州のことではなく、承認という意味ですし、故郷を作成することなのです。

スチュアート：そうした見方には賛成します。とりわけ、故郷をつくるという言い方に賛同します。故郷について述べられたとき、たんに、あるいは、文字通りに、生まれ故郷のケンタッキーに戻ると言おうとしていたのではない、というのはわかっています。でも、あなたはその場所と一貫している感覚をお持ちなのでしょうね。

ベル：どうでしょうか。それは違います。ロマンスについての感覚はあると思います。ロマンスはそうした意味で一貫してはいませんから。ロマンスには暗く奇妙な空間があります。ですが、わたしには、別々の場所が結合しているという観念があって、それが故郷をなしているのです。単一の場所ではないのです。でも、そうした混成体のなかで生じるものをめぐるロマンスなのです。

スチュアート：わたしはロマンスなしに生きねばなりませんでした。ですから、おっしゃるような結合の感覚はありません。そうしたものへの拒否は、本質的に深いところにあります。わたしが生きのびることのできたのは、そのような地点でした。ほぼ拒絶であるといってもいい。

ベル：でも、人生のこの段階では、帰郷がありうるかもしれませんよね。

スチュアート：いや、当地での政治的混乱が続いているため、わたしは物理的に帰郷できないのです。それに、帰郷ではなくなってしまうでしょう。自分は帰郷できる、家を建ててジャマイカに戻ることができるとこれまでに思ったことがある唯一の時が、まさにいまなのです。自分のスタート地点だと思っていたものとは、まったく別物だからです。素敵な場所、別の場所に住むというようなものです。その場所からの距離が、戻ることを可能にしてくれたのです。

ベル：あなたの後を引き継ぐならば、男性は、故郷に関する異なった言説に積極的に関わりたいのでしょうか。逃れたり離れたりする必要とは無縁のもの、ということですが。

スチュアート：自分は、逃げてばかりだったとは思いません。とはいえ、自分の場合、たまたまそれが出発点ではありました。そうした傷が最初にありましたが、それ以後は、逃げているという感覚は続いていません。その感覚は抱いていますが、あまりに長く留まりすぎていると思われたら、逃げるでしょうね。それが唯一、わたしを船出へと駆り立てるのです。

ベル：おそらくわたしには、故郷はつねに境界侵犯の空間でした。ですから、故郷は逃れる場所だとは思いません。わたしたちが故郷について理解し、概念化する際、それがジェンダー化された差異なのかどうか考えながら、この対話を開きたいと思います。

スチュアート：そうした方向に議論を持って行きたいのかどうかわかりません。あなたは、このような感情は抱いていないと思いますよ。わたしが述べているのは推奨ではないし、一般的な思い込みでもない。たまたまわたしの場合に起こっただけであって、そのことは自分でわかっているつもりです。もちろんその通りではないとはいえ、まるで自分が故郷のどこにも存在したくないと思った時に、わたしは主体として始まったかのようです。

ベル：たぶん、故郷が境界侵犯の場だったと述べたのは、「家で安らぎを得た」ことがなかったからでしょうね。

スチュアート：ここでわたしたちの話が重なりますね。故郷では安らぐことなどなかったのだと思います。故郷を放棄しなければならなかった。境界侵犯の場でも自由の場でもなかったからです。あらかじめ決められたもの以外は、自分のためにいかなる可能性を思い描くこともできなかった。だから、故郷から移動しなければならなかった。もちろん、あなたは完全に正しいと思います。男の人はぐずぐずする傾向がありますしね。でも、みずからに与えられたもののなかで見出すことのなかった故郷をちゃんとしたかたちで見出すには、どこに移動したらいいのでしょう？　とはいえ、例のものを差し出されて、「これを探していたんだろ。帰っておいで」と言われたとしても、十分に悲しみはするけれども拒否するでしょうね。

ベル：そうでしょうね。真のロマンスや、故郷に関するヴィジョンへの探求こそが、この会話を続けさせてくれたのでしょう。

訳者あとがき

本書は、bell hooks, Stuart Hall, *Uncut Funk: A Contemplative Dialogue* (Routledge, 2018) の全訳である。「はじめに」でベル・フックスも触れているように、この対談自体は、イギリスに足場をおきつつ、黒人文化について研究するポール・ギルロイの仲介により実現し、一九九六年にロンドンにて行われたものである。すでに知られていることの確認も含め、ふたりの経歴と本書の構成を簡単に振り返っておきたい。

ベル・フックスことグロリア・ワトキンスは、合衆国を足場としつつ、『わたしは女ではないの?』(日本語では『アメリカ黒人女性とフェミニズム』、一九八一年)といった代表作をすでに発表していた。奴隷制に立ち返りつつ、白人女性中心のフェミニズムに疑義を提示し、フェミニズムの可能性を更新してきた。二作目の『フェミニズム理論』(一九八四年)では、人種、階級、セクシュアリティ及びジェンダーを同時に考えるための概念として、近年「インターセクショナリティ」なる言葉を経由して再び注目を集めつつある試みに、いち早く着手した。同時代には、ウィメン・オブ・カラーのフェミニズムの誕生を象徴する古典的アンソロジー、『わたしの背中というこの橋――ラディカル・ウィメン・オブ・カラー著作集』(シェリー・モラガ、グロリア・アンサルドゥーア編、一九八一年)、『女性はみな白人、黒人はみな男、でもわたしたちには勇敢な者もいる――黒人女性研究』(グロリア・T・ハル、パトリシア・ベル・スコット、バーバラ・スミス編、一九八二年)が発表されていた。続いてフックスは、映画や美術を対象とした著作、自伝や対談本などを発表する。本書後半部でも述べられるように、私生活においてはさまざまな危機を経て、いくぶんか疲れや迷いが色濃く反映されている時期であったようだ。二〇一〇年代のブラック・ライブズ・マター運動や #Me Too 運動以後、ブラック・フェミニズムへの再評価や刷新が進むなかで、ベル・フックスの著作が世界的に読み直され、再発見されている。また、サラ・アーメッドやアミア・スリニヴァサンなど後の世代の思想家だけでなく、バーナディン・エヴァリストをはじめとする文学者にもその精神は受け継がれている。

他方のスチュアート・ホールはジャマイカ出身、『危機をとりしまる』(一九七八年)、『蘇生への困難な道のり』(一九八八年)といった先駆的な著作を発表してきた。主に、第二次世界大戦後の英国社会に継続する人種差別の構造、サッチャー政権に代表される新自由主義的な権威主義への批判的分析をいち早く提示してきた。イギリスのバーミンガム大学を拠点とする現代文化研究センターに軸足を置きつつ、カルチュラル・スタディーズなる学問の創設と展開に寄与し、ニューレフト以後の左派政治を牽引してきた。オープン・ユニヴァーシティに拠点を移して以後は、成人教育を通じてより広範なオーディエンスを対象とするだけでなく、自身の関心も、カリブ海地域への何度目かの振り返りやディアスポラ概念への接近を通じて、帝国主義以後の政治へと移行し、独自の思想を深めていった。二〇一四年の死以後、回想録の『親密なるよそ者』をはじめとする未刊行の著作のみならず、代表的な論考や手に入りにくかった論考をまとめた著作も刊行されつつある。第二次世界大戦後のイギリス社会を批判的に思考するためだけでなく、植民地以後の近代世界全般を考える上で、何度も立ち戻るべき存在とみなされつつある。

ふたりの問題意識や仕事には、合衆国と英国における黒人社会をめぐる認識の違い、フェミニズムのもたらしたインパクトの違いのように、見えやすい差異もある。それらを翻訳し合う作業自体が、本書の通奏低音でもある。とはいえ、現在からするとすでに過去となってしまった出来事が話題となっている場合も多い。そのため、最低限必要と思われる範囲で、原著にはない訳注を付した。また、タイトルにあるように「アンカットな（編集されていない状態の）」会話であるということがむしろ特色とも言えるのだが、ストーリーらしきものがないわけではない。読者の便宜を考えて、原著にはない章ごとの分割を行い、各章にはタイトルを付した。

章ごとの内容を要約すれば、以下のようになるだろう。最初は、二人の自伝的な側面とフェミニズムとの出会いについての話が中心となる。ベル・フックスによって、ホールと対話することへのためらいや戸惑いが率直に述べられる。ホールにとってフェミニズムがつまずきとなってきたこと、さらには、ホール自身と異なり、生涯故郷を出ることのなかった姉との関係について語られる。次の章では、家父長制や異性愛主義が黒人の政治を語る際の不問の基盤となってきたことへの率直な疑問が投げつけられる。この点に関しては、ベル・フックスが、本書で一貫して述べる「百万人の行進」への疑義がある。一九九〇年代半ば、黒人コミュニティが合衆国全体の経済不況への責任転嫁を被っていた時期、危機を覚えた黒人知識人たちが全国的なアピールのために組織した大規模集会である。フックスは、その集会での主張の基底にある、家父長制への無批判な依拠を問題としている。三つ目の章「戯れ、死、病」では、エイズが死の概念を変えてしまった八十年代後半、そして九十年代の歴史性が色濃く刻まれている。本書に散見される、エセックス・ヘンフィルやマーロン・リッグズをはじめとするブラック・ゲイ・フィルムのアーティストへの参照は、このような時代的な背景を抜きにしては考えられない。コロナ禍にあって、エイズとコロナウィルスとの類比は、唐突に人間に襲いかかり、死にいたる病を引き起こすだけでなく、人種やセクシュアリティ、階級を起点とした差別をも生み出すという共通点から、二〇二〇年の間はまだ耳にした。しかし、現在ではほぼ忘れられてしまったかのようだ。以上の点を考えると、本書で言及される上記のアーティストたちの仕事は、改めて注目されるべきであろう。

四つ目の章のタイトル「アイデンティティ・ポリティクス、あるいは自己を語ることの不可能性」は、本書で展開されるアイデンティティ・ポリティクス批判、本質主義批判を象徴するものである。とはいえ、注意したいのは、定型化したアイデンティティ・ポリティクス批判や本質主義批判に対しても、フックスやホールは注意深い思考を提示していることだ。第五章「男らしさと不安」では、黒人男性がなぜ、異性愛的な家族像に繰り返し立ち戻ってしまうのかについて、精神分析的な視点で語られる。また、こうした傾向が黒人社会の保守化につながるだけでなく、黒人社会に特有の問題だとされてしまうことの問題点について、警鐘が鳴らされる。第六章では、前章に引き続き、黒人社会の保守化を促してきた原因について、宗教やポピュラー・カルチャー（プリンスからヒップホップまで）への分析が施される。最後に、故郷をめぐる問いがある。これは、作家のトニ・モリスンや、本書でも繰り返しその名が呼び起こされる、フックスの朋友であり先達でもある作家のトニ・ケイド・バンバラが、小説を通して考えてきたことでもある。アメリカの黒人女性作家にとって、とりわけ南部地域をはじめとする故郷は、人種的な抑圧と家父長制の交差する場であった。加えて、ある種の傷や痛みへの処方箋としてレジリエンスを教えてくれる場でもあり、自分たちの直面したくない「不気味な」過去が抑圧されている場でもある。そのような二重性を帯びたものとして故郷は描かれてきた。フックスはこの流れを踏まえながらも、独自の仕方で故郷という概念の再考をうながす。

とはいえ、以上の六章で扱われている内容は章をまたいで話題となるため、厳密な区分ではない。むしろ、ジャズのフレーズのように、別の章で変奏されたり、音程やテンポの変更があったり、別の合いの手があることで、章をまたいでそれぞれの主題が別の見え方、聞こえ方を見せる。そのような議論の深まり方は、対談ならではのものだ。さらに言うなら、このふたりにしかなし得ない、複雑で厳密だが、リラックスした状態で聞こえてくる一度きりの稀有なライブ・レコーディングのようなものでもある。

ちなみに、序文の執筆者でもあるギルロイは二人の会話を、タイトルにもあるように、パーラメント／ファンカデリック流のファンクになぞらえているが、フックスとホールはジャズにたとえている。読者にはどのように聞こえるだろうか。

*

オードリー・ロードの名著『シスター・アウトサイダー』に収められたエッセイのなかで、印象的な一節がある。彼女の息子が、母親が黒人だから、犬に石を投げるなどの「男らしさ」を試す遊びに加われないからという理由で、いじめられていた。その息子に対して作者が語りかける。自分も子供の頃、太っていて分厚いメガネをかけていたため、いじめを受けていたと述べる。息子は非常に驚いた顔をして作者を見つめる。ロードは、どのような言葉を息子にかけたらいいのか迷っていたので、友人に相談したところ、大人としての弱さを曝け出すような言葉をかけるようアドバイスされたという。その結果、自分のもっともヴァルネラブルな部分を言葉にしたのだ。第三世界の立場に立った、欧米中心的な国際政治への的確な批判的分析（ロードの母親はグレナダ、父親はバルバドスの出身であり、両親はカリブ海地域にルーツがある）や、レズビアン詩人としての、白人中心で異性愛主義的なフェミニズムへの異議申し立てなど、ときに詩的、ときに慎重に言葉を運ぶ『シスター・アウトサイダー』の多彩な文体と多層的な呼びかけ先のさなかにあって、ふとプライベートで脆い部分が読者に差し出される。

本書『アンカット・ファンク』でも、オードリー・ロードへの敬意はフックスとホールによって無条件に提示されているが、このような「ヴァルネラブルな部分」をさらけ出す手つきについては、このふたりも別の意味で教育的である。とりわけ、本書の副題の一部にある「人種とフェミニズム」という二つを同時に考えることがどれほど難しいのかということを、個人的な経験や自伝的な秘密をあらわにすることで、失敗やつまずきから考えるよう後押ししてくれる。

とはいえ、このふたりの会話が教えてくれるのは、批評理論が、対象やテクストを分析するための便利な道具として用いられたり、その時々の流行にのっとって消費したりするためにあるのではないということだ（もちろんそうしたものがあっても構わないのだが、少なくともわたしはそうしたものに関心を持てない）。実際には、一つひとつの経験や歴史が理論や概念になるまでに身を切るような出来事があって、それを口にするまでに何年も、ことによったら、何十年もかかることがある。その背後にある経験や経験同士の響き合いに耳を傾けること。そこには、フェミニストがフェミニズムという運動の一部となるまでの苦闘があり、フェミニズムに出会えなかった女性たちが潜ってきた歴史、互いに重なりあう帝国の歴史があり、植民地の経験や人種差別の歴史性がある。

自戒をこめて述べたいのは、批評理論などの既知の分析枠組みを用いて論じることは、そのような一人ひとりの生身の人間の生きた痕跡が刻まれた歴史を、知ったつもりになって、じっさいには理解することを避けるための遮蔽膜として機能してしまう場合もあるということだ。本書に満ちているのは、そのように生を固定する理論ではなく、具体的な生のありようと理論をつなげる言葉である。読者は、言葉や情熱の交流、不満、苛立ち、相手の言葉を引き出すための駆け引き、喜びにみちた同意や後悔の念、思考が思考になる手前のざわめきや溜息を聞き取るだろう。これらを問いとして形にし、ひとつひとつの問いに誠実かつ慎重に言葉を重ねることで、相手の思考を理解し、近づこうとする試みもまた、聞こえてくるはずだ。

ここで言葉を交わす二人はすでにこの世にいないけれども、長い時間を経て届けられる思いがけない贈り物のようなこの対話が、わたしたちの現在の生にこれほど訴えかける言葉を持っているということに、一読者として率直な驚きを覚えてしまう。

編集は、スチュアート・ホール、ビル・シュワルツ著『親密なるよそ者』に続き、人文書院の松岡隆浩さんに担当していただいた。的確な指摘と導きのおかげで、刊行までたどり着くことができた。ありがとうございます。

吉田　裕

マ　行

ラ　行

ワ　行

人名索引

ア 行

カ 行

サ 行

タ 行

ハ 行

著者略歴

ベル・フックス（bell hooks　本名 Gloria Jean Watkins）

1952年、ケンタッキー州生まれ。2021年没。アフリカ系アメリカ人のフェミニスト。ニューヨーク市立大学シティカレッジなどで英米文学やフェミニズムを教える。日本語訳に、『フェミニズムはみんなのもの』（堀田碧訳、新水社、新版：エトセトラブックス）、『とびこえよ、その囲いを』（里見実ほか訳、新水社）、『アメリカ黒人女性とフェミニズム』（大類久恵監訳、柳沢圭子訳、明石書店）、『アート・オン・マイ・マインド』（杉山直子訳、三元社）、『オール・アバウト・ラブ』（宮本敬子、大塚由美子訳、春風社）、『ベル・フックスの「フェミニズム理論」』（野崎佐和、毛塚翠訳、あけび書房）など。

スチュアート・ホール（Stuart Hall）

1932年、ジャマイカ生まれ。2014年没。イギリスの文化理論家。バーミンガム大学の現代文化研究センターを率い、カルチュラル・スタディーズを確立した。著書に、*Policing the Crsisis: Mugging, the State and Law & Order*（Chas Critcher らとの共著、Palgrave, 1978）、*The Hard Road to Renewal: Thatcherism and the Crisis of the Left*（Verso, 1988）、*Essential Essays, Vol. 1 & Vol. 2*（Duke University Press, 2019）など。日本語訳に、『親密なるよそ者』（吉田裕訳、人文書院）など。

訳者略歴

吉田裕（よしだ　ゆたか）

東京理科大学准教授。専門はカリブ文学及び思想、文化研究。著書に『持たざる者たちの文学史　帝国と群衆の近代』（月曜社）。訳書にノーム・チョムスキー『複雑化する世界、単純化する欲望　核戦争と破滅に向かう環境世界』（花伝社）、ニコラス・ロイル『デリダと文学』（共訳、月曜社）、ポール・ビュール『革命の芸術家　C・L・R・ジェームズの肖像』（共訳、こぶし書房）、ジョージ・ラミング『私の肌の砦のなかで』（月曜社）、スチュアート・ホール、ビル・シュワルツ『親密なるよそ者』（人文書院）など。

ISBN978-4-409-03122-3 C1010

アンカット・ファンク
――人種とフェミニズムをめぐる対話

二〇二三年 四 月一〇日 初版第一刷印刷
二〇二三年 四 月二〇日 初版第一刷発行

著 者 ベル・フックス
スチュアート・ホール
訳 者 吉田裕
発行者 渡辺博史
発行所 人文書院
〒六一二―八四四七
京都市伏見区竹田西内畑町九
電話〇七五・六〇三・一三四四
振替〇一〇〇〇―八―一一〇三
印刷所 創栄図書印刷株式会社
装 丁 村上真里奈

落丁・乱丁本は小社送料負担にてお取り替えいたします

スチュアート・ホール、ビル・シュワルツ著／吉田裕訳

親密なるよそ者——スチュアート・ホール回想録

五二八〇円
（本体＋税一〇％）

文化を権力との闘争の現場として研究するカルチュラル・スタディーズの土台をつくりあげた思想家、スチュアート・ホール。一九三〇年代ジャマイカの中産階級の家庭で生まれたのち、宗主国イギリスへ。植民地・人種・階級をめぐって揺れる帝国主義末期のイギリスを分析しながら、脳裏には常にジャマイカの記憶があった。人種的、文化的、そして政治的自由を思索したホールの青年期がはじめて明かされる半生記。